不如讀書

经典·孔子·论语

王德威——总召集　柯庆明——总策划　曾昭旭——编著

人民东方出版传媒
People's Oriental Publishing & Media
东方出版社
The Oriental Press

『人与经典』总序

王德威

　　"人与经典"是麦田出版公司于创业二十周年之际所推出的一项人文出版计划。这项计划介绍广义的中国经典作品，以期唤起新一世代读者接触人文世界的兴趣。取材的方向主要来自文学、历史、思想方面，介绍的方法则是以浅近的叙述、解析为主，并辅以精华篇章导读。类似的出版形式过去也许已有先例，但"人与经典"强调以下三项特色：

　　·我们不只介绍经典，更强调"人"作为思考、建构，以及阅读、反思经典的关键因素。因为有了"人"的介入，才能激发经典丰富多元的活力。

　　·我们不仅介绍约定俗成的经典，同时也试图将经典的版图扩大到近现代的重要作品。以此，我们强调经典承先启后、日新又新的意义。

·我们更将"人"与"经典"交汇的现场定位在当代中国的台湾。我们的撰稿人都与台湾渊源深厚，也都对台湾的人文未来有共同的信念。

经典意味着文明精粹的呈现，具有强烈传承价值，甚至不乏"原道""宗经"的神圣暗示。现代社会以告别传统为出发点，但是经典的影响依然不绝如缕。此无他，在时间的长河里我们毕竟不能，也没有必要忽视智慧的积累，切割古今的关联。

但是经典岂真是一成不变、"万古流芳"的铁板一块？我们记得陶渊明、杜甫的诗才并不能见重于当时，他们的盛名都来自身后多年或多个世纪。元代的杂剧和明清的小说曾经被视为诲淫诲盗，成为经典只是近代的事。晚明顾炎武、黄宗羲的政治论述到了晚清才真正受到重视，而像连横、赖和的地位则与台湾的历史经验息息相关。至于像《诗经》的诠释从圣德教化到纯任自然，更说明就算是毋庸置疑的经典，它的意义也是与时俱变的。

谈论、学习经典因此不只是人云亦云而已。我们反而应该强调经典之所以能够可长可久，正因为其丰富的文本及语境每每成为辩论、诠释、批评的焦点，引起一代又一代的对话与反思。只有怀抱这样对形式与情境的自觉，我们才能体认所谓经典，包括了人文典律的转换，文化场域的变迁，政治信念、道德信条、审美技巧的取舍，还有更重要的，认识论上对知识和权力、真理和虚构的持续思考辩难。

以批判"东方学"（Orientalism）知名的批评家爱德华·萨义德（Edward Said，1935—2003）一生不为任何主义或意识形态背书，他唯一不断思考的"主义"是人文主义。对萨义德而言，人文之为"主义"恰恰在于它的不能完成性和不断尝试性。以这样的姿态来看待文明传承，萨义德指出经典的可贵不在于放诸四海而皆准的标杆价值，而在于经典入世的，以人为本的、日新又新的巨大能量。

萨义德的对话对象是基督教和伊斯兰教文明，两者各有其神圣不可侵犯的宗教基础。相形之下，中国的人文精神，不论儒道根源，反而显得顺理成章得多。我们的经典早早就发出对"人之所以为人"的大哉问。屈原徘徊江边的浩叹，王羲之兰亭欢聚中的警醒，李清照乱离之际的感伤，张岱国破家亡后的追悔，鲁迅礼教吃人的控诉，千百年来的声音回荡在我们四周，不断显示人面对不同境遇——生与死、信仰与背离、承担与隐逸、大我与小我、爱欲与超越……的选择和无从选择。

另一方面，学者早已指出"文"的传统语源极其丰富，可以指文饰符号、文章学问、文化气质，或是文明传承。"文学"一词在汉代已经出现，历经演变，对知识论、世界观、伦理学、修辞学和审美品味等各个层次都有所触及，比起来，现代"纯文学"的定义反而显得谨小慎微了。

从《诗经》《楚辞》到《左传》《史记》，从《桃花源记》到《病梅馆记》，从李白到曹雪芹，将近三千年的传统虽然只能点到为止，但已经在在显示古典历久弥新的道理。《诗经》质朴的世界仿佛天长地久，《世说新语》里的人物到了今天也算够"酷"，《红楼梦》的款款深情仍然让我们悠然神往，而荀子的《劝学》、顾炎武的《廉耻》、郑用锡的《劝和论》与我们目前的社会、政治岂不有惊人关联性？

"郁郁乎文哉"：人文最终的目的不仅是审美想象或是启蒙革命，也可以是"兴、观、群、怨"，或"心斋""坐忘"，或"多识草木鸟兽之名"，以至"观乎人文，以化成天下"。人与文是我们生活或生命的一部分。传统理想的文人应该是文质彬彬，然后君子。转换成今天的语境，或许该说文学能培养我们如何在社会里做个通情达理、进退有节的知识人。

"人与经典"系列从构思、选题到邀稿，主要得力于柯庆明教授的大力支持。柯教授是台湾人文学界的标杆性人物，不仅治学严谨，对台湾人文教育的关注尤其令人敬佩。此一系列由柯教授担任总策划，是麦田出版公司最大的荣幸。参与写作的专家学者，都是台湾学界的一流人选。他们不仅为所选择书写的经典做出最新诠释，他们本身的学养也是台湾多年来人文教育成果的最佳见证。

王德威，美国哈佛大学 Edward C. Henderson 讲座教授

『人与经典』总导读

柯庆明

一乡之善士，斯友一乡之善士。一国之善士，斯友一国之善士。天下之善士，斯友天下之善士。以友天下之善士为未足，又尚论古之人。颂其诗，读其书，不知其人，可乎？是以论其世也。是尚友也。

上述孟子谓万章（万章是孟子喜爱的高足）的一段话，或许最能诠释孔子所谓"无友不如己者"之义，因为这里的"如"或"不如"，就孔子而言是从"主忠信"一点立论，而就孟子而言，则从其秉性或作为是否足称"善士"，而更作"一乡""一国""天下"之区别，以见其心量与贡献之大小，充分反映的就是一种"同明相照，同气相求"的渴望。这种不谋其利而仅出于"善善同其清"的道义相感，或许就是所谓"交友"最根本的意义：灵魂寻求他们相感相应的伴侣，"知己"因而是个无限温馨而珍贵的词语。

但是"善士"们，不论是"一乡"、"一国"或"天下"之层级，在这高度繁复流动的现代世界里，大家未必皆有机缘相识相交而相友，于是"尚论古之人"的"尚友"就更加重要了。因为透过"颂其诗，读其书"，我们就可以发现精神相契相合的同伴；当我们更进一步"论其世"，不仅"听（阅）其言"，而进一步跨越时空、历史的距离，"观其行"时，我们就因"知其人"，而可以有"尚友"的事实与效应了。

我们因为这些"古之人"的存在，而不再觉得孤单。虽然我们或许只能像陶渊明一样，深感"黄（帝）唐（尧）莫逮"，未能及时生存于那光辉伟大的时代，而"慨独在余"，而深具时代错位的生不逢时之感；但也因此而无碍于他以"无怀氏之民"或"葛天氏之民"为一己的认同；在他以五柳先生为其寓托中，找到自己有异于俗流的生存方式与实现生命价值的途径。

虽然未必皆得像陶渊明或文天祥那么充满戏剧性；"风檐展书读"之际，时时发现足资崇仰共鸣的"典型在宿昔"，甚至生发"敢有歌吟动地哀"的悲悯同情，却是许多人共有的经验。这使我们不仅生存在同代的人们之间，更同时生活在历代的圣贤豪杰、才子佳人，以至虽出以寓托而不改其精神真实的种种人物与人格之间，终究他们所形成的正是一种足以寄托与安顿我们生命的，特殊的"精神社会"。或许这也正是人文文化的真义。

当这些精神人格所寄寓的著作，能够达到卓超光辉，足以照耀群伦：个别而言，恍如屹立于海涛汹涌彼岸的灯塔；整体而言，犹若闪烁于无穷暗夜的漫天星斗，灿烂不尽——这正是我们不仅"尚友"古人，更是面对"经典"的经验写照。

在各大文明中，许多才士伟人心血凝聚，亦各有巨著，因而成其"经典"；终至相沿承袭，而自成其文化"传统"，足以辉映古今，这自然皆是人类所当珍惜取法的瑰宝。至于中华文化的经典，一方面我们尊崇它们的作者，如刘勰《文心雕龙·征圣》所宣称的"作者曰圣，述者曰明；陶铸性情，功在上哲"；但是对于此类"上哲"的形成与"经典"的产生，历来的贤哲们，更多有一种"殷忧启圣"的深切认知。这种体认最清晰的表述，就贤哲人格的陶铸而言，首见于《孟子·告子》：

> 舜发于畎亩之中，傅说举于版筑之间，胶鬲举于鱼盐之中，管夷吾举于士，孙叔敖举于海，百里奚举于市。故天将降大任于斯人也，必先苦其心志，劳其筋骨，饿其体肤，空乏其身，行拂乱其所为，所以动心忍性，曾益其所不能。人恒过，然后能改。困于心，衡于虑，而后作。征于色，发于声，而后喻。入则无法家拂士，出则无敌国外患者，国恒亡。然后知生于忧患而死于安乐也。

这一段话，不仅指出众多贤哲的早岁困顿的岁月，其实正是为他们日后的大有作为，提供了经验知识的准备，更重要的是陶铸力堪大任的人格特质。一方面是人类的精神能力必须接受挫折和困顿的开发——"所以动心忍性，曾益其所不能"；另一方面则是处世谋事要恰如其分，肇造成功，永远需要以"试误"的历程来达臻完善——"人恒过，然后能改"；创意的产生来自困难的挑战，也来自坚持解决的意志与内在反复检讨图谋的深思熟虑——"困于心，衡于虑，而后作"；而任何执行的成功，更是需要深入体察人心的动向，回应众人的企盼与要求——"征于色，发于声，而后喻"。简而言之，智慧自历练来，意志因自胜强，执业由克己行，成功在众志全——孟子所勾勒的其实是与人格养成不可分割的、一种另类的"个人的知识"（Personal Knowledge）。因此当他们将此类"个人的知识"，转成话语，形诸著述，反映的仍然寓含了他们"生于忧患"的经验，以及超拔于忧患之上的精神的强健与超越、通达的智慧。

对于中国"经典"的这种特质，最早做出了观察与描述的，或许是司马迁，他在《报任安书》中说：

古者，富贵而名摩灭，不可胜记，唯倜傥非常之人称焉。盖文王拘而演《周易》；仲尼厄而作《春秋》；屈原放逐，乃赋《离骚》；左丘失明，厥有《国语》；孙子膑脚，《兵法》修列；不韦迁蜀，世传《吕览》；韩非囚秦，《说难》《孤愤》；《诗》三百篇，大抵圣贤发愤之所为作也。此人皆意有郁结，不得通其道，故述往事，思来者。乃如左丘无目，孙子断足，终不可用，退而论书策，以舒其愤，思垂空文以自见。

司马迁在《史记·太史公自序》中亦做了类似的表述，只是文前强调了："夫《诗》《书》隐约者，欲遂其志之思也。"就上文的论列而言，首先这些"经典"的作者都是"倜傥非常之人"，足以承担或拘囚、或迁逐、或遭厄、或残废等的重大忧患，但皆仍不放弃他们的"欲遂其志之思"，而皆能"发愤"，以"退而论书策"、"思垂空文以自见"来从事著述。

其中的关键，固不仅在"不得通其道"之事与愿违的存在困境中，"意有郁结"而于"恨私心有所不尽，鄙陋没世，而文采不表于后世也"的存在焦虑下，欲"以舒其愤"之际，选择了"思垂空文以自见"的自我实现的方式；而更重要的，是他们皆能够跳出一己之成败毁誉，采"退而论书策"，以诉诸集体经验，反省传统智慧的方式，来"述往事，思来者"。就在这种跳脱个人得失，以继往开来为念之际，他们皆以其深刻而独特的存在体验，对传统的经验与累积的智慧，做了创造性转化的崭新诠释。于是个别的具体事例，不仅只是陈年旧事的记录，它们更进一步地彰显了某些普遍的理则，成为足以指引未来世代的智慧之表征，这正是一种"入道见志"的表现；这也正是"个人的知识"与"传统的智慧"的结合与交相辉映。

因而"经典"虽然创作于古代，所述的却不止是仅存陈迹的古人古事，若未能掌握其中"思来者"的写作真义，则好学的读者即使"载籍极博"，亦不过是一场场持续的"买椟还珠"之游戏而已。因而这种透过个人体验所做的创造性转化与诠释，不仅是一切"经典"所以产生与创造的真义；更是"经典”所以能够生生不息的与时俱新之契机；我们亦唯有以个人体验对其做创造性的转化与诠释，才能真正掌握这些“经典”中，“大抵圣贤发愤之所为作”的艰苦用心，而领会其高卓精神与广大视野，激荡而成我们一己意志之升华与心灵境界之开拓。这不仅是真正的“尚友”之义，亦是我们透过研读“经典”，而能导致文化传统与人文精神，得以永续的层层提升与光大发扬的关键。

基于上述理念，王德威教授和我，决定为麦田出版策划一套以中华文化为范畴的“人与经典”丛书，一方面选择经、史、子的文化“经典”；一方面挑选中国文学具代表性的辞、赋、诗、词、戏曲、小说，邀请当代阅历有得的专家，既精选精注其原文，亦就这些伟大作者的其人其事，做深入浅出的阐发，以期读者个别阅读则为“尚友”贤哲，综览则为体认文化“传统”；既足以丰富生命的内涵，亦能贞定精神上继开的位列，因而得以有方向、有意义地追求自我的实现。

于台湾大学澄思楼三〇八室

柯庆明，台湾大学名誉教授

《论语》的现代诠释

曾昭旭

当柯庆明兄为"人与经典"找我担纲《孔子·论语》，我当时是这么想的：既然是孔子和《论语》，那我责无旁贷。

我向来认为：身为中国人，如果只读一本书，那么最该读的就是《论语》。因为孔子和《论语》，毫无疑问，就是中华文化传统的源头所在。

但是在现代，孔子和《论语》却是被严重误解的。不只在五四时代，忧心忡忡的新知识分子为了救亡图存而呼吁"打倒孔家店"，即使来到 21 世纪的中国台湾，在西方现代文化的长期浸润之下，对《论语》（乃至所有传统经典）的解读，毋宁说更为走样而不自知。其最普遍的误读，就是把《论语》的章句直接套进科学、知识之学的概念框架中去理解，却不知其实全不相干。尤其，台湾地区文化学术界的意见领袖们，其思想泉源、理论根据大多是在西方，对中国传统学问尤其是心性修养之学，有不自觉的忽略与成见，殆不可免。于是流风所及，大家也就很自然地自居为文化落后的边陲，而奉西方为中心为先进了！却不察中、西文化传统，各有所长，理当合为完璧。虽然数百年来，西强中弱，但物极必反，在今天新机已萌之时，我们难道还不该正视传统经典被忽视、被误解、被扭曲的现况，而尝试重新去疏通这个文化的源头吗？若然，当然就该从孔子与《论语》开始。

这就是我前文说既然是孔子和《论语》，那我责无旁贷的心情和思理所在。

但落实下来，我要如何处理这本书以呼应我上述的心情思理呢？

一方面为篇幅所限（当初订约时是说每一本的字数约十万），一方面也为探骊得珠，我决定集中论述《论语》或孔子学问中最核心、最重要的课题：如何做一个人（或说做一个君子、仁人）。我因此把本书定位为"《论语》的成人之学"。

我虽然已写过好几本有关孔子和《论语》的书，但还是第一次把《论语》以一桩学问的形态来加以展开。文分十章，除了第一章介绍孔子其人，第二章谈论《论语》其书的读法，第三章以下，大体顺着内以立己、外以立人的脉络来铺陈；同时顺势自然地把《论语》中最重要的观念如学、道、忠、信、孝、悌、仁、义、礼、智等组织起来，成为一个观念系统，希望有助于读者对孔子的成人之学有一个整体性的了解。

在此最重要的一个做法，就是将上述那些重要观念，当付诸诠释时，还原回中国文化传统的诠释方式或理解方式。也就是要舍弃现代、西方概念定义式的僵固理解，而把这些字眼活化；要依它在语言脉络、整体氛围中的处境去把握它的含义。因此每一个字眼都可以在它的基本义之上，有程度不等的衍生，乃至与其他字眼、其他观念产生互相渗透、重叠的状况。这才是读中国古书，把握生命义理的正确途径。当然，在这种诠释过程中，仍然非常需要借助于现代西方所长的分析能力，但这只是辅助，不是主体。换言之，这种诠释方式本身，就是很中西合璧的。

也正基于这个理由，在处理每一章选文时，我也舍弃了一般章旨、注释、语译的格式，因为那太像教科书，其琐碎与僵化已令人生厌。而改为用【意译】来达意，用【讨论】来探讨义理的方式。

关于意译，我向来不赞成直译或逐字对照的语译（甚至学生误以为把文言的一个字改成白话的两个字就叫翻译）。我认为应该如前文所提到的，要把原文的语言脉络、语境氛围、义理内涵都传达出来，才算完整。纵然因此不免要添加不少的字句，也是必要且合理的。这样虽似有违"增字解经"之戒，但那是指增原文之字，在意译上则应视为把原文蕴含的意义予以表出。我个人认为这在本书是一个很重要的尝试，也可以考验出译者对原典是否有相应的体会。当然，相应不表示唯一，对同一原典，原可以有不同但都相应的理解，也不妨就用不同的意译来表达。

也正因在义理上的理解、体会容或有各家的不同，或深微处非意译所能尽，所以本书在【意译】之外，再列【讨论】一栏。除了深究义理，必要时也兼处理原文中一些字义的解释，以补本书未列注释一栏的缺漏。而在义理诠释上，我在此也当大略交代我在义理上的为学路数。首先，在承袭前贤理路说统之外，我尤其重视实存生活的体验，所以在讨论义理时，几乎不称引前贤之说，而是直接说理。我也希望这样可以免除读者的文献负担，只要直接理解我说的义理就好了！其次，在我的说理中隐含的前贤说统，大体是以王夫之（船山）为主，涉及程（颐）朱（熹）、陆（九渊）王（守仁）处，较近陆王。

最后，有关本书所选《论语》原文，为通俗方便，是据最通行的朱子《四书集注》本。另加新式标点，但全章若全属孔子所说，则"子曰"下只用冒号，其后不加引号。若有多人对答，才用引号区隔各人所言。每则选文后注明所属篇名及章次。全书后再依《论语》原书篇章次序，列所选全部章句，注明在本书出现之页码，以供读者查阅。至于在所选原文中出现的当时人名，也在全书之后列一简表，以供参考。

目录

经典 孔子 论语

壹 孔子是一个怎样的人？

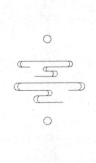

一、引言：孔子就是一个"人"

提到孔子，人人都知道他是至圣先师，是中华文化史上最重要、最伟大的人物之一。但他为什么重要、伟大，大多数人却不甚了了，甚至心中不免犯疑：他真有这么伟大吗？尤其民国初年受到西方文化的冲击，在科学精神（破除迷信、回归事实）的过度引申之下，疑古成为主流，不只迷信，连正信（真实的意义肯定、心灵自信）都被抛弃了。于是尧被还原为土堆，禹被解释为爬虫（只看见图腾迷信的层面，看不见民族文化精神的寄托），孔子也从圣人的位置被拉下来与诸子并列，乃至与凡民并列了。

其实我们说孔子伟大，并不是说他是超人，恰恰相反，他的伟大正在于他是一个人。换言之，他之所以被称为至圣先师，足以教我们的只在于教我们好好做个人，足以作为我们的榜样、典范的也只是指人的典范。再换言之，孔子并不是离我们遥不可及的神或非人，我们人人都该做到像他一样才是，因为得那样才算是一个人哪！

所以孔子的学问，乃至从此传下来的所谓儒学，本质上也不过就是"如何才能做成一个人"的学问，即所谓"成人之学"罢了！

如果针对上述的这一点核心要义或精神，我们下文要介绍孔子，也就应该重在说明他为什么能成为一个人（并且因此足以成为后人的典范），他的哪些言行表现符合了人之所以为人的本质或特色。所以，对于孔子的一生经历，如一般传记所着重的，本文只做简要的交代，然后就把重心放回到前述的主题之上。

二、孔子的生平略述

关于孔子的生平，大略言之，他的祖先原是周的宗室，被分封于宋的微子。但后代逐渐衰落，由宗室到公卿到大夫。六世祖孔父嘉（孔子得姓孔正是从此而来）因政争被杀，失去公卿之位，延及曾孙孔防叔（孔子曾祖父）才从宋国出奔到鲁国，后人遂只有大夫或士的身份。孔子父亲叔梁纥，是有名的大力士，因原配无子，续娶颜氏，并祷于尼山，才生下孔子，孔子并因此名丘字仲尼。

孔子三岁前父亲就去世了，在十七岁前，母亲也去世。虽从小好学，也多能鄙事，曾任委吏（会计）、乘田（顾牛羊）之职。十九岁结婚，生一子一女。约三十岁后即退出仕途，改以授徒为业。直到五十岁后才再度出仕，一年内就快速由中都宰、小司空升为大司寇，并助成鲁定公与齐景公的夹谷之会。但其后仍因弱私家、强公室之志不行，而辞职去鲁，率弟子周游列国（主要是宋、卫、陈、蔡）十四年，到六十八岁才回到鲁国，专志裁成弟子，同时订正雅乐，著作《春秋》。到鲁哀公十六年卒，年七十三（公元前 551 年—前 479 年）[1]。

——————
1 关于孔子生平，主要参考钱穆《孔子传》（台北：东大图书公司，1987 年）、金安平《孔子》（台北：时报出版社，2008 年）。

三、在礼坏乐崩的时代孔子创建了"仁传统"

简单交代过孔子的生平之后，我们便要来探讨孔子为什么能成为"人"的典范的问题了。

我们首先要从孔子所处的时代说起。

孔子生于春秋末期，春秋开始于周平王东迁，史称东周。这时周天子威望渐失，诸侯各自为政，社会秩序动乱，所谓"周文疲弊""礼坏乐崩"。这可以说是中国历史上第一个大乱世。

我们知道，自从武王伐纣，分封诸侯，之后周公制礼作乐，创建了有名的西周盛世，当时文化的优美，至今仍为人艳称。但这么优美的礼乐文明为什么会崩溃呢？却也留下巨大的疑团，成为春秋诸子苦思求解的主要问题。当时的主要思潮大致有墨家、道家和儒家。一时哲人辈出，思理纷陈，竟使得春秋二百四十二年间，一方面是标准的乱世，一方面却又被后世誉为中国文化的黄金时代，便因影响后世数千年的思想元素，都发生奠基于此时之故。

而就在这里，我们肯认了孔子作为至圣先师的第一项要素，就是孔子以他的睿智，首先点出了人之所以为人的内在根源，也建立了以这内在根源为本的"仁传统"。

原来周文的成立，有两个元素：其一是外在结构面的礼乐体制，即封建宗法制度；其二是内在动力面的血缘亲情，是靠着兄弟子侄的血气感情，贯注到分封出去的诸侯国度，以支撑这虽分封而仍一统的周王朝与社会秩序。这两个元素也可以简称为"尊尊原则"（尊其所尊，以形成天子、诸侯、大夫的尊卑秩序）与"亲亲原则"（亲其所亲，以凝聚来自血缘的感情动力）。

现在回到优美的周文为什么会崩溃这个疑问上来。请问：问题到底出在哪里呢？

在春秋诸子中，墨家和道家都把焦点放在结构面的礼乐体制上。墨家认为源自周公的"礼结构"太宽松了，无法有效管理社会秩序；所以主张用更客观、严谨、有效的"法结构"来替代（"墨者"的组织严密，的确如此）。道家则是对外在的体制结构抱着彻底怀疑的态度，认为不论是礼结构还是法结构，对爱好自由的人性都是一种束缚与妨害，所以主张抛弃所有人为的制度与知识，彻底回归人性的自然。

墨、道两家虽看似主张两极（一维护制度运作，一维护人性自由），其实却同样把注意焦点放在结构面上。只有孔子看出问题关键不在结构面的制度上，他认为就制度而言，周文是宽紧得宜，符合人性的。（孔子说："郁郁乎文哉！吾从周。"[1]）问题其实是出在动力面上。乃因周文的制度结构是经过周公创造性设计的，具有人文自觉的稳定性。但周文的动力面却只诉诸亲情的自然血气，那却是有限而无恒的，所以才会日久而弱，地远而疏；诸侯所以会渐渐不敬天子，原因正在于此。所以，孔子认为要救周文之弊，重点不在检讨周文的结构面，而是要开发出可大可久的真实动力来替代血缘亲情，那就是经由心灵的自觉、修养而涌现的道德感情。这正是如《易经·乾卦》所说的自强不息、刚健日新的乾德。孔子因此以他一生的内省与实践，实证人人都具有这种内在的动力泉源。这动力泉源孔子便称之为"仁"，"仁"也可以说是人之所以为人的最重要本质。肯定仁才是对人性的最本质肯定，孔子也因此开发出以仁为核心的人格教育（仁教），创建了以仁为核心的文化传统（仁传统），他自己更是因此成为以仁为核心的"人之典范"。

原来，所谓中华文化传统，应包含外在的文统（礼传统）与内在的心传（仁传统）两面，合心传与文统，才是完整的传统。礼传统是由周公创制，孔子自觉地予以继承，所以并称"周、孔"；仁传统则由孔子发明，孟子自觉地予以继承，所以并称"孔、孟"。而二者之中，更以仁传统为本（林放

1　见《论语·八佾》十四章。本书有关《论语》引文均据燕京学社引得本。（哈佛燕京学社编，《论语引得》，台北：孔孟学会论语研究会，1964 年）

问礼之本，孔子的回答其实就是仁¹），所以孔子在中华文化传统上的地位，比周公更重要。可以说是由于孔子，中华文化才形成以动力为本，以身心修持、以人格养成为要的文化性格。延伸到中华民族其后两千五百年的命运，不管是好是坏，在顺境还是逆境，都和孔子脱离不了关系。由此说来，孔子还不够伟大吗？

1　见《论语·八佾》四章。

◌◌◌◌ 四、孔子开创了以人格修养为主的仁教

　　以上先点出孔子在中华文化发展史上的重要地位，再来便要谈谈孔子作为至圣先师的第二项要素：他教给弟子以及后人的到底是什么？

　　一般都说孔子述而不作，但也有人说孔子其实是以述为作，这两种说法蕴含着怎样的意义呢？

　　原来，孔子虽然是第一个将传统上只有贵族有机会获得的人文教育普遍向平民开放的人（也可以说孔子首先打破了贵族、平民的阶级区隔），但其实他教给弟子的却不只是贵族原有的人文教养（总称为礼或礼教，分称为六艺，即礼、乐、射、御、书、数），还另外加进了原来没有，到孔子才开发出来的仁教。所谓述而不作，是指孔子全盘继承了周公的礼体制，不像墨、道多有质疑（所以并非儒家独占了中华文化传统，而是墨家道家都不想要）。所谓以述为作，则是指孔子并非对周文的继承一成不变、原封不动，而是能秉着自由的心灵，关怀人性的本质要求（如喻于义而非喻于利），去对旧礼

做出恰当的微调或与时俱进的诠释，也就是所谓"创造性的继承"。孔子正是秉持这种精神，才说"殷因于夏礼，所损益可知也；周因于殷礼，所损益可知也；其或继周者，虽百世可知也"（《论语·为政》二十三章）。百世可知的是什么？当然不是说孔子预知三千年后人们的生活方式（例如开汽车、用电脑），而是说孔子肯定不管方式怎么变，它为增益人生福祉的原则是永远不变的。（但怎样才是真正增益人生福祉而不是作茧自缚，那就考验人的心是清明还是昏聩了！因此人才需要修心为仁哪！）这就是所谓"以人为本"，也才是人文精神的要义所在。

正因为孔子开发出这种精神，才使中华文化一直是一个强调和谐、富于弹性而适应力强、能与时俱变的文化。两三千年来，中华文化一直是同一个文化体在生生不息（张光直院士称之为"连续型文化"），而不是一个个文化体在后先取代（此则称为"断裂型文化"[1]），这根本是世界史上唯一的例子，这难道不值得身为中华文化传统中一分子的我们引以为荣吗？

1　见张光直《连续与破裂——一个文化起源新说的草稿》，收入氏著《中国青铜时代》第二集（台北：联经出版事业股份有限公司，1994年）。

五、孔子转化旧礼的创造性示范

　　既然孔子开发出这么珍贵的创造性动力——仁，那么请问：孔子曾做过哪些示范，以有助于我们去体会仁之为用呢？这在孔子行谊中真是不可胜数，以下只选取三项最重大的以为代表，这三项可说都是沿用了旧观念、旧名词却赋予了更贴近时代、更回归人性本原的新诠释。

（一）天与鬼神——宗教的人文化

　　第一项有关于宗教层面，孔子是将原本有人格神意味、能赏善罚恶的"天"（殷代的天、帝正是如此）予以人文化了！怎样人文化呢？就是一方面依然保留"天"的名义或形式，但却取消了它的内容，而把原属于天的内容（创造性、道德性）完全转移到人的身上，这就是"仁"。于是天的创造性遂内在于人而成为人的创造性了。（所以《中庸》说："天命之谓性。"）我们试看《论语》中，所有提及天的句子，我们都可以直接理解为自我、良心。如："吾谁欺？欺天乎？"（《子罕》十二章）意思就是："我骗谁呀？我还能骗得过自己的良心吗？""予所否者，天厌之！"（《雍也》二十八章）也可以翻译为："如果我有做什么不合天理的事，我自己就会厌弃我自己！"总之是因为"天生德于予"（《述而》二十三章），意思是：天已经把它的创造性赋予我了，人遂有了作为人的尊严，当然也要负起做一个人的责任，人生存在的意义价值都要由自己决定，再也不能怨天尤人了！

除了天，孔子对鬼神的态度也有了同样的转化，他依然不废鬼神之名与祭祀鬼神之礼，但重心已从鬼神那一端转移到人（祭祀者）的这一端了！所以说"敬鬼神而远之"（态度上敬鬼神，但事实上不跟鬼神打交道，见《雍也》二十二章）、"祭如在，祭神如神在"（致祭时当神是有的，以便借此培养人的诚敬，但事实上有没有鬼神？那就存而不论吧！见《八佾》十二章）。总之，宗教活动的意义，已从人卑微地向天与鬼神祈求福佑，转移为人借此培养自己真诚恻怛也独立自信的超越情怀了！从神本（天）转为人本（仁），可以说是孔子对中华文化传统性格的最重大扭转，也是对人之所以为人更进一步的庄严肯定。

这种人文化的宗教观或无宗教相的宗教，我们不妨便称之为"良心教"（价值根源在内在的仁心）和"人文教"（价值的创造性表现则落在日常的人文生活之上）。

（二）君子小人——从阶级概念到人格修养概念

孔子对旧观念的第二项重大新诠是社会层面的君子、小人。

君子、小人原是一对涉及社会阶级的概念，所谓君子就是指管理阶层（治人者）的贵族（天子、诸侯、大夫），小人就是指被管理阶层（治于人者）的平民。古时这两大阶层都是世袭的（不但贵族，平民也是农之子恒为农，工之子恒为工），于是构成了社会阶级的隔离，这当然有违众生平等的人性真理。幸好在这两大阶层之间还有一种身份叫"士"。士本来也是贵族的一环，就是指已接受管理阶层的养成教育却还未出任官职的人，也就是尚非管理者但又不属被管理者的暂时游离，遂渐渐成为介于贵族平民间的一种独立身份，像孔子便是如此。

既然士是一种可以抽离政治格局（治人或被治）的独立身份，于是通过孔子和他的做人理想，士遂有了一重全新的内涵，就是做人格修养。这立刻使君子、小人这对概念也因此有了一重新的内涵，就是指未接受人文教养（这当然不止六艺，更包涵仁教，也就是人格修养）的小人与已在从事人格修养的君子。君子、小人遂由原来的社会阶层概念蜕变为人格修养的概念。

我们于是可以明白为什么《论语》中会出现那么多有关君子小人之辨的章句，如"君子坦荡荡，小人长戚戚"（《述而》三十七章）、"君子和而不同，小人同而不和"（《子路》

二十三章）、"君子上达，小人下达"（《宪问》二十三章）之类。便是因为名词虽旧，含义却新而且有待开发、讲明，所以孔子才和弟子就此屡作探讨。

关于这一对新含义下的旧名词，为了与旧含义区隔，我们不妨就将小人理解为"自然人"（这也不同于后代指称自私奸巧的小人义），将君子理解为"文化人"（指受人文化成者，也不同于现代所谓文化人是指从事文教行业的人）。

孔子的这一项新诠与转化对后代的影响也极大，这使得中国人普遍以修德为重，社会也普遍敬重人格高尚的士君子。

（三）华夷之辨——从种族区分到文化区分

孔子对旧观念的第三项新诠是有关民族层面的华夷之辨。

一般谈到华夏民族与夷狄，总容易有华夏是中原民族，夷狄是边疆民族的印象，所以有东夷、南蛮、西戎、北狄的说法。这当然是一种以血统、地域为区分标准的族群观念。但族群的区分标准事实上已慢慢转移了，新标准就是生活方式：仍然沿袭游牧渔猎方式的称为夷狄，已因农业发展而改用定居方式的则称为华夏。所以不一定边疆才有夷狄，诸侯境内，也有仍过着游牧生活的夷狄，如晋国内有姜戎，秦晋之间有陆浑之戎等。

生活方式的不同当然会影响人的思想与性格，如都市人就和乡下人不同，商人和农人也不同，这至少已和血缘种族渐渐脱离关系了。而孔子则将族群的区分标准更进一步予以人文化，他甚至放弃了从外在环境制约而来的生活方式标准（比起血缘，这已经是初步的人文化），而采用从内在自觉而来的人格修养标准来区分华夏与夷狄。也就是说：肯定人性之仁、凡事喻于义而非喻于利、愿进化为爱人的君子而不停留在自利的小人，总之是经过人文教化的族群，便称为华夏，反之便称为夷狄。

从孔子的义利之辨开始，延及孟子，有所谓人禽之辨、华夷之辨、王霸之辨。其实这三重分辨本质上是一样的，都归本于人生态度上的义利之辨。所以，须得自觉地凡事喻于义而非喻于利，才算是人格独立、有能力爱人的人而有异于禽兽。然后，以这样的人格理想为共识而结合起来，以建构一个文化优美的社会的一群人，才可称为华夏而有别于夷狄。而这样的体制运作一定是以万民的幸福为目的，这才可以称为王道，而不同于以人民为工具的霸道。

孔子一生中唯一的著作——《春秋》，便正是一本表彰义道、人道、王道而落实为华夷之辨的大书，即所谓"尊王攘夷"，也就是为保文化（以仁义为核心的文化）而保民族。在这里文化与民族是结合在一起的，乃因这样以人为本的文化或生命哲学，必须落实在活生生的人身上去实践、去表现（而不像科学知识可以保存在书里），所以一说中华文化便蕴含中华民族，一说中华民族便也必蕴含中华文化。简直可以说：中华民族之所以是中华民族，正是以是否表现出这样的人文主义、王道精神来界定的，而与其人的血统、肤色、地缘、职业、阶级无关。这样一种特殊的民族主义，便是孔子的春秋大义所在，我们也不妨就称之为"文化的民族主义"，以有别于血统的、地域的民族主义。也可以说，后者是狭隘、排他的民族主义，前者才是开放的、包容的民族主义。中华民族几千年来所以能成为爱好和平、善于融合的文化体，实可说渊源于此。

这种打破血统、地域的有限隔阂，而归宿于文化的大一统的精神或见解，孔子在《春秋》一书中是如何表示的呢？我们试读《春秋》，便可发现这一条重要的脉络：在春秋初期，孔子的尊王攘夷、民族大义，是落在齐桓公身上，乃因齐桓公领导北方诸侯抵抗南方的侵略者（霸权、帝国主义者）楚国。所以楚被判为夷，北方诸侯则是诸夏。但到了春秋中期，楚国已经"内化"了。（即已接受了人文教化而被孔子列为诸夏了，即所谓"外夷狄而内诸夏"。）这时新兴的侵略者是西方的秦国，所以孔子的民族大义，重心便改落在晋文公身上，乃因晋文公领导东方诸侯抵抗西方的强秦。于是秦被视为夷狄，而楚国则由夷狄转变为诸夏了。可见孔子判定夷夏的标准，的确与血统地域无关。

等到了春秋晚期，连秦也内化了，这时新兴的帝国主义者是吴、越，这于是也成为孔子批判的新对象。终春秋之世，吴、越都尚未内化，所以孔子对楚、秦，态度都渐有和缓，却对吴、越始终无恕辞。便可见出孔子《春秋》一书，对保民族以保文化的苦心所在了！孔子说："知我者其唯《春秋》乎！罪我者其唯《春秋》乎！"（《孟子·滕文公下》九章）乃因修史是王者之事，孔子以平民身份作《春秋》是不符体制的，但孔子毕竟作了，这不但因此书关系重大，也更因人的仁心本即是礼或体制的创造者，孔子以仁心为此事，显示了他的自觉与自信，也显示了他面对人道理想的责任庄严，更成为孔子善化旧礼，以述为作的最大事业。

前文曾提到孔子对中华文化的最重要贡献在建立了一个"仁传统"，那请问：所谓仁传统的主要内涵是哪些呢？其实无妨说就是上述的这三点：在超越的宗教面是开创了以仁为本的良心教与人文教，在主观的人格面是开启了以仁心自觉、德行修养为主的君子之道，在客观的族群面、政治面则是抟聚了以仁政王道为基础的文化民族或民族文化。我们试体会一下我们这个民族、这个自我、这种人生，不真是大体如此吗？虽然目前中华民族正逢厄难，或说是又一次的礼坏乐崩，由此发作出许多黑暗面的病痛，但只要仁心不死，自会生命复苏、文化重整，因为这根本的动力（仁心）与理想（仁道），孔子已示范性地摆定了，只有待后起者的我们再一次以自己的道德生命去做创造性的继承与印证罢了！

▓ 六、孔子是怎样的一个人?

以上缕述了孔子在中华文化传统上的地位与业绩,而说这全是建立在"主体之仁"或"道德生命"或"内在的创造性动力"之上,即所谓"礼以仁为本"。其实这些概念落实来说,就是指:正因为是孔子这个人有这样的人格,才能充分涌现他的创造力以创建出这个仁传统。那么,孔子到底是怎样的一个人呢?或说所谓"主体之仁""道德生命"应该是何种模样?我们能否就以孔子为例子来带出这普遍的"人格之理",好让我们每个人也都有道路可循、有典范可依呢?这不正是"至圣先师"的要义所在吗?

(一)独立人格与孤独边缘

我们不妨就从前文曾提到的"独立人格"切入。试问"人格独立"是什么意思呢?其核心要义原来就是指我的生命存在的意义价值完全不靠任何外在条件来支持,而百分之百由我自己来决定。此之谓"自由"（走自己的路）、"自主"（做自己的主人），此之谓"独立"（毫无依傍）。

这个意思如果放在人所处的社会环境来说，就表示人和环境的关系，或仁与礼的关系，应该以人或仁为本。也就是说：人（当然得秉其仁心）是环境的主人，人有资格与能力去创制种种礼乐制度以供人之托身，所以所有社会制度都应是为增进人的幸福而服务的（而不该压抑、伤害、扭曲人性），所以如果有哪些制度规范已经过时僵化，人也有能力有责任去改善它。

上述种种，可以说全是孔子的根本主张，但这些见解与主张，就"仁"观念来说固然是顺理成章，可是就"礼"观点或社会观点来看，却有可能构成抵触或侵犯（犯规），尤其在某一项礼已僵化为教条、成见的时候。当碰到这种情况，请问人是该忠于自我（当然得是仁心自觉的真我）还是屈从不合理的礼教呢？而答案显然是以仁为本，去对僵化的礼做调整活化的尝试。孔子不但自己这样做，更肯定每个人都具有这样的本质能力与资格，遂由此建立以"仁"为基础的人人平等的重要信念。

但这样独立自主的人格，在社会化的观点看来，却常常成为不合群的异类、孤鸟或边缘人了！而孔子在当时的社会竟就是如此的一个人。

其实君子和而不同，群而不党，孔子只是不跟任何人拉帮结党罢了！他哪里有不合群呢？但从世俗的观点看，却常有如此误会。

有一次，孔子就有意无意跟子贡微露一点口风说："都没有人了解我。"（"莫我知也夫。"）子贡惊讶地说："老师你怎么这样说呢？"孔子立刻趁机跟子贡开示："其实我对这种现象并没有任何遗憾或抱怨，因为我认真地过我的每一天生活，就自然能通到别人的生命。所以别人不了解我有什么关系呢？我了解他们也了解我自己就够了！"（"不怨天，不尤人，下学而上达，知我者其天乎！"[1]）

孔子孤独吗？他其实跟所有人同在。但孔子不孤独吗？其实了解他的人可真是寥寥无几啊！就连最亲近的学生，到要紧处都未必了解哩！

我们不妨就举《论语》中，三件孔子明明以众生平等的人道去待人却被误会的事例，来试作说明，以见出所谓人道（仁道）真是说理论简单，真要做到可不容易啊！

1. 互乡童子求见事件

有一次，一个从风俗浇薄的互乡来的少年求见孔子，孔子就接见他了！这却引起弟子的困惑，问孔子：为什么要见这种人呢？孔子说："我们对待人的基本态度，总该是鼓励他上进，希望他变好；而不该是歧视他，害他更加堕落。这位少年出身恶劣的环境，已经很不幸了！我们为什么还要落井下石呢？何况，他会求见，正表示他有一分修补自我的心，光这一点向上心就已值得赞许了！又何必计较他以往的记录呢？"[2]

1　见《论语·宪问》三十五章。
2　见《论语·述而》二十九章。

的确，我们对人都很容易有一种在不知不觉中就已养成的成见，被历史经验、外在条件所制约而不自知。什么叫作"这种人"呢？这种轻易把人分类、贴上标签的行为，正是遮蔽人性、伤害他人的普遍现象。孔子的仁教正是要人撤销这种后天制约的成见，恢复对普遍人性的尊重，所以他对互乡童子和对一般人是一视同仁的，但却连孔子亲近的门人都不免感到不解，就可见习染之遮蔽人心，是如何可畏了。

2. 唯女子与小人为难养也

《论语》中，被后人误解得最深竟还浑然不觉其误解的，恐怕要数这一章为第一——《阳货》二十三章："子曰：唯女子与小人为难养也，近之则不孙，远之则怨。"一般都以为这是孔子在批评女子、小人，却不察觉主要是由于自己已先对女子、小人心存成见。对女子的成见是从男尊女卑的旧礼教而来，可说已根深柢固。对小人的成见则是以后来的小人含义（自私奸巧）去理解《论语》中的小人（实是自然人的意思，见前文君子小人之辨）。

其实孔子极少批评人，子贡喜欢批评人（子贡方人），孔子还曾经教训他："阿赐！你的德行修养已经好到可以去批评人了吗？我身为你的老师，都还觉得连自修都来不及，哪有闲工夫去批评人呢！"（"赐也！尔贤乎哉！夫我则不暇。"[1]）而且孔子曾表示痛恶的，其实是乡愿而不是小人。原来在这一章里，女子、小人都是指和君子（文化人）相对的自然人，如果要更清晰

---

1 见《论语·宪问》二十九章。

地对照出君子、小人的不同，更不妨将小人理解为小孩，于是女子、小人就相当于现在我们说的女孩与小孩了！那么请问：女孩、小孩的核心本质是什么呢？就是纯真（纯良、纯朴、自然、天真）。

原来，孔子在这一章所说的，是自道其心性修养的甘苦。因为心性修养不能闭门造车，必须出而待人应事，得在人际关系上权衡得中，实现人我相通和谐一体，才实证你的修养果然到位。（就如《中庸》说："喜怒哀乐之未发谓之中，发而皆中节谓之和。"也是用"和"来证"中"。）那么，跟怎样的人相处最能有效查验自己的修养到位不到位呢？孔子认为就是女子与小人。因为他们秉自然的纯真，就像是一面平面镜，能将你的人格状况、修养程度，如实地反映给你。例如：如果你不爱他，就有违君子爱小人之义，（孟子也说："中也养不中，才也养不才，故人乐有贤父兄也。"见《孟子·离娄下》七章。）他们就会直接用"怨"来告诉你。但如果你名义上爱他们，其实却隐藏着自己对被需要、被依赖、被崇拜的虚荣渴求，他们也会立刻感应到你原来是个软弱的伪君子，就会用对你任性无礼、颐指气使（不孙）来告诉你。所以，只有恰如其分地真爱女子小人，才能获得他们心悦诚服的尊敬，也证明你是个真君子。

但，为什么与大人君子相处，反而得不到有效的检验呢？就因大人君子可能会体谅你、担待你，不跟你一般见识，结果资讯的回馈反而是不完整乃至不够准确的，反而不如天真直率的自然人能给人最直接的回应。

另外，大人君子若修养上出了差错，也可能造成生命人格上的矛盾与创伤，使他的讯息回馈杂乱与迟钝。而自然人本质敏感、感应迅速，你一近之他就不孙，你一远之他就怨，正因难养，所以检验效果才好。

总之，君子小人这一对名词，如本文之前所论，经过孔子的转化，已经成为人格修养的概念。所以人人都是由小人经过心灵自觉、人格修养而蜕变为君子的。所以君子小人根本不是对立的概念，而是连续的一体。孔子在此自道生命成长的甘苦，才会如此恳切，哪里有丝毫鄙薄女子小人的意思呢？后人会有此误解，只表示自己没有认真去走这条成长之路，所以才会固执成见，而对其中微意，懵然不觉罢了！

3. 子见南子事件

最后，我们来看看《论语》中最大的一件公案：子见南子事件。

《论语·雍也》二十八章记载："子见南子，子路不悦。夫子矢之曰：予所否者，天厌之，天厌之。"

南子是卫灵公夫人，也可说是当时的名女人，乃因她既得卫灵公宠爱，又据说有淫行，使得太子蒯聩（非南子所生）欲杀南子，不行而被灵公驱逐而奔晋。灵公死，立蒯聩的儿子辄为君，是为卫出公。但晋却助蒯聩返国争位，导致父子争位僵持了十几年，终构成卫国的内乱。

子见南子，一说在初到卫国时，一说在蒯聩与出公父子争位之时。但不管何时，孔子为什么去见南子，或应南子之召而往见，都是一件惹人议论的事。历来学者都从政治、行道的角度去为孔子解释。我却从子路为什么率直表示不悦，而孔子为什么竟然毫无解释，只能用发毒誓来表白心迹，而窥见了一种可能的隐衷。

首先，子路会如此率直地表示不悦，连先问一下老师为什么这样做都免了，一定是因为这行为在子路心中已经是绝无疑义的不当或越礼。这会是什么呢？若是政治上涉及出仕或行道，总可以有合理与否或见仁见智的商量空间，子路有必要立刻做出是非判断而表示不悦吗？恐怕真的非常有可能，在子路心中是认为孔子逾越了男女之防吧！这可以说是子路心中的定见，也是成见吧！

而更有趣的是，孔子为什么完全不解释？如果是有关出仕或行道，理应是可以解释的——后来孔子再度到了卫国，而正逢父子争位之际，子贡和冉有也曾探问过孔子的口风（夫子为卫君乎？），聪明的子贡不直接问，却问孔子：伯夷叔齐算怎样的人？孔子说是古之贤人呀！子贡立刻单刀直入地问："那他怀才不得用，而饿死首阳山，难道心里一点儿遗憾都没有吗？"孔子却说："求仁而得仁，又何怨？"（他完全实现了自我为人的理想，又有什么遗憾？）子贡就明白老师是不会帮助卫君的了。[1]

但孔子这一次对子路的不悦，却不但是子路没有探问，孔子也没有解释，真不像是对子路这种最亲近的弟子应有的表现，这不是事有蹊跷吗？

我非常怀疑，孔子所以毫无解释，是因他见南子虽然完全

---

1 见《论语·述而》十五章。

光明磊落，问心无愧，但这心迹却完全无法用语言说明白。为什么说不明白？则是因为就当时的语言来说，完全没有相应的概念与词汇，足以准确说明他去见南子的心情。

换句话说，孔子见南子，本来就不是依据当时人所共循的礼去见的，而是直凭他光明磊落的仁心去见的。因此他见南子，也不必预存什么成见（如这是个淫荡女人），就如同接见互乡童子，依然可以就看南子是一个与所有人本质相同的"人"。但，连见互乡童子都招门人之惑了，何况在世人心中成见更深重许多的男女之防呢？更何况南子是一个名誉不佳的女人呢？在男女之间完全没有单纯以"人"和"人"相见面的那个时代（父子、兄弟、君臣、朋友、夫妇都各有伦理，夫妻以外的男女却除了授受不亲，别无伦理可循），这也难怪孔子面对子路自以为理所当然的不悦，只能用发誓来取信于子路了！

其实在女性已启蒙、两性已走向平等，而男女间的交往已相当开放的现代，我们仍然缺乏一套相应的概念、语言系统来准确描写男女间的互动，仍然大量袭用父权时代男尊女卑、夫妇有别的旧概念、旧语言来强套，遂导致两性交往的诸多障碍、隔阂、误解。这令我们不得不敬佩孔子在两千五百年前，便能够原则性地跨越种种文化的制约与成见，回溯到人性的根源处去平等地看待所有人。这正是仁教、仁传统或人道、王道的可珍可贵之处！但孔子秉这样的真心、本心、仁心去立身行道，却往往连最亲近的弟子都会误解，也许孔子的思想是太过超时代了，或太彻底地回归人性根源了，以至他虽然人格独立，自信自足，却在人间不免成为少人了解的孤鸟或边缘人。

但有什么关系呢？在孔子自己看来，他还是一个自由而悦乐的人，下面，我们扼要描写一下孔子生命的自得情态。

（二）好学而悦乐的人生

当我们从外围（时代背景、对后世的影响……）回到核心去认识孔子这个人，首要的一点就是他的好学。

当然，孔子所好的学，不是现代西方式的知识之学，而是身心修养、自我实现之学。根据孔子的自述，他对这一点可是诚实肯认，毫不推辞的，例如他说："十室之邑，必有忠信如丘者焉，不如丘之好学也！"[1]（要说生命的真诚资质，像我这样的人可说到处都有，他们只是不像我能够通过认真的修养去把这些好资质实现出来罢了！）又说："若圣与仁，则吾岂敢？抑为之不厌，诲人不倦，则可谓云尔已矣！"[2]（要说人格完美、对社会文化有重大贡献，我是一点儿也不敢当。一定要描述我的为人，那么说我在自我修养和教导弟子上锲而不舍，从无厌倦，也许是勉强可以接受的话！）在后面这一章，孔子不但把所谓学的重心落实在实践（为之）之上，更把学或实践的范围，推扩到包含学与教两端，也就是所谓"己立而立人，己达而达人"，这样的生命实践，当然会带来自我实现的悦乐。

1　见《公冶长》二十八章。
2　见《述而》三十四章。

有一次，叶公就曾向子路探问孔子的为人如何。子路一时间不知道该怎么说，就没有回答。后来孔子风闻此事，就跟子路说："你为什么不跟他说：'我们老师是个一旦用功起来就会忘了吃饭，从学习中总能领略到生命存在的悦乐因而忘了许多生活上的烦忧，甚至连年龄将老、体貌渐衰都浑然不觉的人呢！'"[1]（"汝奚不曰：其为人也，发愤忘食，乐以忘忧，不知老之将至云尔！"）在这里，我们尤其要明辨，孔子的为学之乐，不是指知性的发现乐趣，也不是指才性的表现兴奋，而是指德行的实存之乐。这是来自超越形躯的有限，体现精神的无限，才有的永恒之感。所以才用"忘食""忘忧""不知老之将至"来表示。

这于是展示了一个超越的人生意境，也明白点出了所谓好学的意义与方向何在。孔子因此自述："饭疏食饮水，曲肱而枕之，乐亦在其中矣！不义而富且贵，于我如浮云。"[2]（虽然日常吃的只是简单的食物，喝的只是白开水，甚至睡觉时连枕头都没有，但这样简单的生活中却依然可以有精神舒畅、自我实现的无限悦乐。所以，人生哪里需要用富贵来支撑呢？尤其，如果那些富贵是要用妨碍我的精神自由来换取的话，那么我是一点儿也不会稀罕的！）可以说，孔子正是以他的一生，示范了一个精神上独立自足、无求于外的生活境界。孔子以此自许，也用这同样的意境去称赞他的弟子颜回，说他"一箪食，

1　见《述而》十九章。
2　见《述而》十六章。

一瓢饮，在陋巷，人不堪其忧，回也不改其乐！贤哉回也"。[1]
后人常误会孔子赞扬安贫，其实孔子称赞的重心在乐道，安贫
只不过是用来凸显这种精神之乐的自由与绝对，即使在清贫的
生活中也可以独立不改罢了！

　　当人拥有了这由好学而来的精神自由，生命舒畅，正如
《述而》四章所描述的："子之燕居，申申如也，夭夭如也。"
（孔子在日常生活中，总是表现得精神舒畅自主，心境安适自
在。）然后才自然有余力余暇去关怀身边的人，孔子正是如
此。所以他遇到欢愉的事，善于参与分享，例如听到人歌唱得
好，就会请他再唱一遍，然后跟他合唱[2]。遇到哀伤的事，也会
感同身受，例如和居丧的人一起吃饭，从不会放怀吃喝[3]。在吊
祭的场合出席之后，他在那一整天都不会唱歌[4]。孔子真的是一
个如此自然而深情的人啊！

　　但这种自得其乐的生活意境，和遗世独立的道家之徒有什
么不同呢？差别就在道家之徒基本上是生命受伤而尚未充分痊
愈的，因此要靠远离这污浊的人世和只足以伤生害性的礼法，
才能保持他的逍遥悦乐。但孔子则生命刚健，精神饱满，所以
一方面能进而承担立人达人的道德事业，以抒发他对世人的
爱（孔子说："鸟兽不可以同群，吾非斯人之徒与而谁与？"见
《微子》六章）；一方面又能不被这些外在的责任负担所牵累，

1　见《雍也》十一章。
2　见《述而》三十二章："子与人歌而善，必使反之，而后和之。"
3　见《述而》九章："子食于有丧者之侧，未尝饱也。"
4　见《述而》十章："子于是日哭，则不歌。"

而依然维持他的自然悦乐。换句话说：孔子的自得其乐不是靠牺牲人性中的爱人理想来换取，反而是借着充分的自我实现来获致，这才是作为一个"人"所应达到、所能达到的圆满境地啊！可以说完全体证了《学而》一章所说的虽努力学而时习之以自然引致有朋自远方来，但如果人不知也不来，却依然能不愠的儒家根本义理。就因为君子之所以为君子，其本在学而时习之，而不在是否有朋自远方来之故。君子的学习修养，本来就是独立自足，对他人或世界的良好影响只是修道的自然结果，却不是为学的追求目的。所以就算这应然的结果事实上没有出现，也丝毫不会失望受伤而不免有所怨怼。

这样真实饱满、自由悦乐的生命境地，与孔子同时的一些隐士是不能了解的，他们一方面欣赏孔子的自由悦乐、独立不群，一方面也困惑于孔子为什么放不下世俗的牵绊。如荷蒉者、荷蓧丈人、长沮、桀溺等人，有机会遇到孔子时，都忍不住说两句讥讽的话想点醒孔子，但当孔子要跟他们说话的时候，他们又一个个都闪了！原来孔子很了解他们，是他们不了解孔子啊！

其实何止隐士们不了解？孔子的学生们恐怕也不真了解。所以才会有一次孔子的学生子路、冉有、公西华、曾点侍坐的时候，孔子提议大家各抒己志，却有意无意裁抑前三子有关军事、政治、外交的志向，而独许曾点在暮春三月与一堆大人小孩去踏青吹风玩水唱歌的情景[1]。这表示三子之志不够到位，没

---

1 见《先进》二十四章。

有回到生命的本真、生活的自然；但当曾点自以为懂得孔子的时候，孔子又回过头肯定他们对人世的关怀与事业的期许，这表示曾点也属过犹不及，心境略近于道家而非儒家本末兼具的正位，不偏不倚的中道。

总之，孔子就是这么一个真诚饱满、活泼自在地活在当下的人。他独立自足，无求于外；却又对周遭的人、事、物深致其同情，极乐于参与。他对人生与社会有根源性的掌握，也有创造性的洞见，却依然只看自己是一个不断在学习，真实在生活的人。所以他人生的悦乐，完全不假外求，而纯从生命本身的内在动力、真诚生活而来。这从结果看好像是稀有的圣人，但回到人性的本质，其实是每一个人都可以做得到的事。孔子只是以他一生的自我实现，为我们做出了一个最好的示范罢了！我们称他为"至圣先师"，不就是从他示范了如何做一个人这一点来说的吗？所以，说孔子是圣人、伟人，并不恰当，因为孔子自己并不承认；视他为某领域中的专家（哲学家？政治家？教育家？）更不准确，因为连当时的达巷党人都能感受到孔子是"博学而无所成名"[1]的！所以，最恰当准确的称呼，恐怕还是平平常常其实反而是最庄严隆重地说孔子就是一个"人"吧！

1　见《子罕》二章。

贰

如何入《论语》之门？

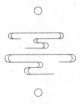

关于《论语》，久已成为大、中学校里的闲科，普通大学固已根本不设，即在师范院校，亦有中文系外一律取消之议，其实即在中文系，亦已多是告朔饩羊。此不独是由于无学分之故，实因学习的态度、方法，一开头就与此学不相应，自然难免味同嚼蜡。尤其令人痛心的，是此厌弃的心理，实早在高中上"中国文化基本教材"时就已铸成。众所周知，初中小学的学生，尚对孔子有一种朦胧的尊敬，而上高中，读了《论语》，却反而产生恶感，甚至凝为成见，致使于人格养成之道终生不得其门而入。究其原因，当时高中老师教授之不得法恐难辞其责，而教授之所以不得法，则恐又种因于教师当年学《论语》时，其态度本来就不相应也。所以，对学习《论语》（《孟子》也一样，进至多数中国义理之学都一样）而言，何种态度和方法才是相应的？实在值得我们从头再做检讨。

▦二、两种治学态度

　　前面说时人学《论语》的态度方法多不相应，现在于论述相应的学习态度之前，自当先概述两种治学方法的异同。

　　原来我们学习一门学科，其态度可概分为两种：一、将学习对象当成客观独立的存在物来研究，其目的是在求得对此物的客观知识。二、将学习对象当成是与自己生命有密切关系的相关物来研究，其目的是在借此对象的指引，反过来豁醒自己生命的蒙昧。

　　关于前者，其重心是直落在对象本身的，所以知识本身才重要，也自有其客观独立的尊严，至于人则只不过是为知识学问服务的，人可以长江后浪推前浪，一代代隐去（顶多只留下一个名字，冠在某定律的前面），知识则点滴累积，构成富丽庄严的系统，流传不替。所以这一类学问必然重视客观共循的"法"，以为共力构筑客观系统的凭借。特别在某一学术园地尚未充分开拓，其系统尚未充分展露的时候，前代大师所定下的"法"，更有其原则性、指导性，后人则只需照法努力，付出辛苦的血汗，庶几"前修未密，后出转精"，以完成未成的规模便可。这就是整个西方学界，当治学之前，必先究问其所依方法的缘故；也是我国的汉学、清学，必讲究"师承""家法"的缘故。不然，则其人之学只是孤存的一点，难以与前人后人接续而展成周备的系统，亦以是难有客观的意义。

但至于后者则不然。其重心不在所学的对象，而只在学习者自身。所以"学苟知本，六经皆我注脚"（陆象山语），否则"诵其言辞，解其训诂，而不及道，乃无用之糟粕耳"（程伊川语）。这就是说，就人格养成这个目的来说，知识、经籍没有独存之价值。所以如果善学而有得，便见得经籍的一言一语，都焕发着生命的光辉；如果学无心得，便会觉得都属疑是疑非、含糊抽象的独断词语，而一无可取。而且在这里，前人研究的心得也殆无必然的帮助，如程颐自述其读《论语》，喜悦到"不知手之舞之，足之蹈之"，后人若不曾做过恳切自修的工夫，对此自述还是茫然不懂的。此即因生命之微妙复杂，境遇之千变万化，决无二人绝对相同之可能，所以各人的生命只是各人自己的，别人的生命经验只能激发自己也去做同方向的感受而成自家的经验，却不能将经验直接传达；只能指引可能的明路，让自己少兜圈子，而较易于超越前人的境界，却不能接续前人的经验，迳行累积。也就是说，每个人秉其独一无二的生命，都须得从头走起，而完成他独一无二的人格事业，以在人世间焕发出他道德人格的光辉。这就是何以说中国学问特重"实践"，而以

"行"摄"知"的缘故；也就是近世西方人开始正视"存在"（existance）问题的缘故。因此，在这一类的学问中，不是法重于人，而是先有人的实践，然后才有法可言。人于此如果诚恳戒慎，自强不息，则到头来回顾一生历程，也自有一番理路，也若有某一宗旨贯穿其间；而如果一念不诚，自欺虚歉，便所读的书，所循之法，都顿时成空。关于此一意思，熊十力先生有一段话极好：

"每见青年问学，开口必曰方法，此极可惜。须知学问方法，必待学成而后能明其所以。至求学时代，则全仗自家一副精心果力，暗中摸索，方方面面，不惮繁难，经历许多层累曲折，如疑惑、设计、集证、决断、会通、类推等等，其间所历困难与错误，正不知几许。穷年屹屹，而后有成。一旦豁然，回思经历，方自见有其所循之方法，可举以告人者。然亦略举大端而已，至其甘苦隐微，终不能揭示于人，庄子斫轮之说是也。今日后生开口便问方法，至于自家是否具有真实心力，则一向怠慢，不会自省。譬如懦夫，自无能行之力，空访路途，其能举步否耶？"（见《十力语要卷四·与邓子琴等书》）

上面说的，便是今人受了清代朴学传统和西学流入的影响，遽以求客观知识的态度方法，来研究人格修养之学的误用。但照此说来，为人格修养而读《论语》，岂不是毕竟无法可讲了吗？此又不然。因我们了解它的误用，即可不误用，了解前贤所建立的种种方法、途径，本质上都只是一种"指点"，一种"启发"，便可知其限而用之，以之帮助我们开发适合自己生命情态的途径，而不致死守讲章，锢闭生命，如王阳明青年时之格竹成病（阳明初读朱子即物穷理之说，便径去庭前格竹七日而病），了解这点意思，我们便也可以在下文姑且谈一谈学习《论语》的入门途径。

::::: 三、三点原则

首先，我们根据上段所辨明的根本态度，可先衍为三点原则，以为学习《论语》的心理准备。

（一）就是要立身以诚

在这里先不必把诚说到极高，只需取其最起码的意思就够，那就是诚实、不说谎，这诚实不说谎主要是对自己而言，自己生命的真实情况如何，不论是好是坏，是幸是不幸，是顺利是创伤，都要如实承认，能如此不自欺，不装点，不强撑，清清晰晰见到自己不足之处，便是入门之道，实践之始。所以历代圣贤教人，无不先立诚字。孔子的知之为知之，不知为不知，入太庙则每事问，有过则不掩，而终身学之不厌，便是诚。曾子的每日三省吾身，子路的闻过则喜，孟子的必有事焉而勿忘，也都是诚。宋时朱陆相辩不下，然毕竟不失相敬，则亦透露出一种自知其限的诚实，乃至王阳明几次学圣不成，自叹圣贤有分，而即时放下，也是一种诚。能有这种做人之诚，生命人格的根本便可以立定，《论语》《孟子》上的文字便才有所依附。这便是前文所说的先有实践才有知识可言的意思（庄子亦说"有真人而后有真知"）。但也别以为诚实容易，事实上世间虚伪的人正多；诚实，正非易也。只是这一点根本之诚的确无人可教，只有全靠自己。而当人不诚之时，是连上帝都无可奈何的。

（二）就是看待《论语》，要略其迹而原其意，循其末以返其本

我们前面说过，人格修养之学是以人为重心的，知识只是为人服务，而前贤的话语，本质上亦俱只是指点（即连孔孟之言也不例外，只是他们的话指点作用更大些而已）。指点什么？便是指点道德人格、道德生命的层境。这道德的层境是无法具体描述的，它只能在一个个具体的生命里"呈现"而成为道德人格，然而既落实为个别性的人格了（尽管因着修养之故而成为道德的人格），便毕竟是和别个人格不同的（尽管那别个人格也可以是道德的人格，所谓"禹稷颜回同道"），所以我们不能照样学往圣昔贤的言行，而只能借他们的言行来指点，来豁醒自家的生命。因此我们看孔孟，便不宜将他们的言行当作教条死守（如汉人之死守六经然，汉人也是颇具客观心态的），死守必不可久，亦令人生厌，但也不宜随便以今人的心习去怀疑孔孟的言行，如怀疑《论语·乡党》中"割不正不食"等许多繁文缛节，怀疑孔子鄙视老农老圃，怀疑孔子竟赞

扬颜回之营养不良等，实则这些话自有当时的背景，其语意所重亦原不在后人所怀疑的这些上面。我们读《论语》，殊不宜在此等处斤斤计较（这是研究古代社会与历史的学者的论题），而当寻究孔子的"道德本心"（即孟子所谓"良心"），但这本心透过孔孟那特殊的生命与环境，是如何呈现的？亦看孔子如何秉其贞一的道德本心，面对弟子时人不同的特殊生命，而予以不同的指点。以期由此领悟到透过自己这又一特殊的生命，道德本心该当如何呈现？要能如此相应地去勘入，读《论语》才可帮助我们慢慢去发现自己生命的路向。

（三）就是这秉其诚心以寻究孔孟的本心，并体贴到自家生命上的一番工夫，要自强不息日新又新地去做

这是因为人的生命本来是生生不息，变化无端的，所以道德本心的呈现也是日日有不同形貌的，我们往日的对，不能保证以后永远对，我们以今日如此的心境，读《论语》而有如此的了解，安知他日以新的经验去研读，不更有新的领悟？正因《论语》之为书，要点正在显露那万古不磨的道德本心本性。（请勿对此语起反感，本心本性是质不是量，是性不是相，本来无时空之变异，也非孔子所独有，所以这话不是盲目赞颂权威之比，都因今人用看待知识的态度去衡量，才不相应而易起反感罢了。）所以王船山说它是"彻上彻下语"，也就是说，它当中的时代色彩、知识成分极为淡薄（孟子力距杨墨，就浓

重多了，后儒著作，更多因时代病痛，有所为而作，于是时代性愈增，葛藤愈多，直透性愈弱，亦即愈不宜作为经典），作为经典以指点豁醒自家生命的为用（或说弹性）也因此而极广，所以我们对《论语》，不可误以为一读即了，而须有日新又新的实践工夫，时时与之相印证（印证当然不是死守），然后才见得《论语》是活的，是直接与我们生命相关的，而不是糟粕。

∷∷ 四、五个步骤

　　以上的三点认识，我们落实到具体的学习活动上，便可以设计出一些步骤或说途径来。当然如前所言，在这种学问里，法则途径只是附从，远不如在知识那种学问里之郑重，所以下列的步骤，只是略示其意，以供参考，决非只此一种。而最合适的方法途径，毕竟只有靠每人自己去创造。

（一）字面求解与选章背诵

　　了知文义，是读一切书之始，修养道德人格，也没有理由反对知识，只需明白此乃辅助，不是主体，以免陷于颜习斋所云"以书为道，其距万里，以读书为求道，其距千里"就行了。至于背诵，对于读《论语》来说极为重要，这是为将来时时印证预作准备的。今人每好说读书要求了解，不要死背。不知这乃是求知识的态度，其了解原是概念的了解，非生命的了解，乃是可以渐学而至的。其知识资料亦与生命之存在无关，尤其今日电脑发达，需用时一索即得，更不须记诵。但人格修养之学则不同，孔子的话语对我们而言，不是知识资料，而是当机的指点，但机既不可预寻，当它来时则如电光石火，稍纵即逝，若无句意先存脑中，莫说不容事后翻寻，根本是懵然不能觉知机之来去，所以背诵极显重要。当然所谓背诵亦不必一字不漏，但义理所在的句子，则必当熟记（到时浮上心头的语句也无非是这些）。另外，若一时力有未逮，则亦可先选章背诵，选哪些呢？尽管选你看着顺眼舒服的句子去背，人的生命，冥冥之中自有感应，自会选上那些将来比较可能受用的，至于那些看着茫然又刺眼的，大概离自己的生命情状较远，就暂时搁下，期诸日后吧！

（二）问问为什么

上述是初步准备工夫，至此应该试着勘入义理之中了。因此要处处究问其所以然。但要注意分辨的是，这里所问的所以然，不是物理上的所以然，而是道德上的所以然；也就是当逢此际，人应如何行为才算是道德本心的呈现。这问题是要落在每一个不同的主体，依不同的存在状况而定的，并不如研寻物理之所以然可以找出一条客观的定理。所以我们不能质问孔子为什么对诸弟子之问仁答案不同，也不能问到底仁是什么，而当究问为什么孔子对颜渊问仁要答以"克己复礼"，对仲弓问仁要答以"出门如见大宾，使民如承大祭，己所不欲，勿施于人"，对司马牛问仁，则要答以"其言也讱"，庶几从不同情状的不同答语（不是"答案"）中多少体会（不是"认知"）到仁，然后可以再问若落在自己今天这种情状，孔子会如何答？例如王阳明在龙场极困厄时便曾问："圣人处此，更有何道？"这样地问为什么，才不是撇开自己，纯去究问一个客观知识，而才是将《论语》与自己的生命体贴起来，这样才是一种相应的问法。

（三）试以一己现有的人生经验为之诠释，与不能诠释者之阙疑

我们问了为什么，便要为之设答，例如朱熹集注《论语》，便试为孔子对诸弟子问仁之不同答语作释，说颜渊、仲弓学有高下，所以一告之以主动实践的乾道，一告之以立敬行恕的坤道（这是朱子引程子的话），司马牛则因性情急躁多言，所以勉之以沉稳凝重。而此种种修行则俱是仁也。这种设答可以培养我们凡事作"同情的了解"的心情，领悟人各有道，而道道皆通之意，大有助于立身处世的谦逊宏通。不过这种代人设想的诠释毕竟不能切于自家生命，亦多少拘泥于历史的已逝情境，所以除此之外，尤为切要的是针对那"若落在自己今日这种情况，当如何"的问题而设答。也就是说凭着研读《论语》的悟解，去恳恳切切为自己的生命寻一条合理的出路。这便是真正活读《论语》之方。于是，我们便可凭一己恳切的实践，来与《论语》中的某些话语相印证，而直以自家的语言去重新诠释。此所以《论语》不论在哪个时代，都有需要重新作注，而各显其时代精

神也。于此我建议读《论语》的人，都要自注眉批，自写札记，庶几引发出自己的生命精神来。当然这种工夫也有一个陷阱，就是强作解人，变成撑门面、玩言语。所以仍须贯之以诚，知之则谓知之，不知则谓不知，而不知之处，则盖阙如也，这样才能保仁心之不流失，生命之不变质。须知我们对一句话有真解，此一句即终身受用之不尽，修身之学不贵多，而贵在不妄。若一旦虚骄自是，以无为有，将令鱼目混珠，而珍珠亦成染污。所以阙如之义是十分重要的。

（四）遇生命情境相应时之应机消化

在第一步骤，我们曾说到背诵的价值，在为将来的当机印证做准备。在第二、三步骤里又曾提到凡事设问，而力不能答则诚实阙疑，以待来日。原来在前三步骤，毕竟仍是"学"的意味重而"悟"的意味轻，以既有的经验去了解、去整理、去诠释的成分多，而借着圣言的指点以撞开一个新天地的成分少。所以积极的透达还有待这一步骤，要在这里人才有生命跃动的契会，才有发自内心的喜悦。这就是：我们原来默记在心然而不甚了了的话语，可因生命的流动，流到一与之相应之情境，而豁然开朗。这时，人对这话语会感到一种如见故人的亲切，也会对自己的生命情境有一种吾道不孤的感奋，遂对两者都有了信心了。这就是人生命之流的高潮，最能焕发出他内里的创造力，而为自己的人格奠下基石的时候。这一机我们若把握住了，我们会一连几天、几星期都笼罩在这话语之下，无论在生活中的哪一角落——在读到的其他书上，在见到的人们脸上，在遭遇的种种事上，在别人的无心之言上，在我们所言所思所感等之上，到处会看到这句话的影子，也到处在为这句话做不同面貌的印证。人到这时，才算是充分体认这句话了，才算是实证了"道无所不在"的意思，学论语到这一步，才算是有了一点成绩。

我自己，即曾有过不少次这样的经验，最近的一次，就正在目前，我正深深领略着《庄子·齐物论》里"早计"二字的意思（此意就等于《论语》中"毋意，毋必，毋固，毋我"里的"毋意"），而处处看到人们之过，无非在于预期希冀，凭空计算，而不知其妄。愿读者们读《论语》也能有此体会——当然也不能早计强求，但须持之以诚，必有事焉而勿忘，则自会水到渠成的。

（五）最后一个步骤，就是隔一个时期（一年半载或三年五载都无妨）要将《论语》重读一遍

我们前面也说过，生命的流继是日新又新的，往日淡然无味的，今日重尝，也许就别有会心。在第一步骤中所略而未背，或过目即忘的不相应处，正宜在今日重新检定，重新提问，重新诠释，重新阙疑。此所谓"学而时习之"，具体收获了这一阶段恳切实践的成果，岂不确是"不亦说乎"吗？

以上五步骤，周而复始，乃至相互渗融，随机设施，则亦再不必分什么步骤了，毕竟步骤亦只是聊示大意而已，读者实

践有成，亦正可凭自己的体认，设计出另一番步骤来，且亦言之成理。这不是学无的准，毋宁说正是这一类学问的精神特质之所在。然后，对《论语》读后毕竟有何领悟与收获，那就看每个人自己了。

叁

论学——《论语》所论的是哪一种学？

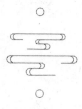

要探讨《论语》的义理或孔子的思想，首要的入手处就是"学"这个字。孔子之学，或者由孔子开创的儒学，到底是一种什么样的学问？必须先弄清楚，然后对整部《论语》的理解才不会有根本的偏差。可以说：现代人对孔子与《论语》的误解就是从这里开始的。所以，要校正这种偏见，也得从厘清孔门之学是哪种学切入。

由于数百年来，西方文化或西学成为世界主流，于是科学或知识之学也成为学问、学术的唯一形态、唯一标准。但科学的范围其实是有限的，科学的本质就是价值中立、不涉主观感情。换言之，它只问客观事实如何，且为此发展出一套严谨的分析思维与符号系统来记录种种客观事实，这就是所谓"知识"（尽管知识与客观事实仍有距离，但至少已与客观事实有一一对应的关系），而完全不管人对这些事实是否喜欢，认为它们的存在是好是坏是美是丑。于是，在科学精神之下，客观才是对的，主观则有碍于对事实正确的认知，所以是不好的。

但人的生命存在却分明有他的感情活动与价值判断，并

不因科学不予处理就没有感情的困扰与如何做正确评价的疑
惑。那么对这些科学管不着的问题要怎么办呢？当然就需要有
另一种学问来处理。中国传统的文化与学问，包括儒家、道家
乃至后来的佛家之学，便正是专为处理生命感情（安与危、信
与疑）与存在价值（正与邪）而设的学问。这种学问当然和科
学、知识之学有本质的不同。[1]

对这两种学的不同，我们且试做一点简要的比较。

首先，相对于知识之学，我们可以称之为生命之学或道德
之学，两者含义相通，但前者也可偏指感情的安顿，后者则偏
指价值的体现。

其次，知识之学主要是一种分析性的思维活动（包括分析
现象、建构系统），并在知识的指导规约之下进行系统性的操
作。所以可以说在知行两端是以知为优先的。而生命道德之学
则主要是一种要落实在生活中去进行的实践性活动。它不是先
知后行而是知行合一，甚至是以行为重，乃因为感情活动与价
值评断都必须在当下真实的生活情境中才可能进行之故。所以
在知行两端，可以说是以行为优先的。

有了以上的基本认知，我们再来读《论语》中有关学的章
句，便很容易知道正确的解释是什么，也明白人们为什么会有
那样的误解了！

1　西方人当然也有感情与价值的问题，他们的处理方式是诉诸宗
教信仰、抒发于文学艺术。

▦ 一、道德实践之学的规模展示

学而时习之，不亦说乎！有朋自远方来，不亦乐乎！人不知而不愠，不亦君子乎！（《学而》一章）

【意译】

听闻了一项道理，先记在心上。等遇到恰当的机会，再把它的意思实践出来。这不是一件令人由衷喜悦的事吗？有同道的友朋感应到我的这种生命讯息而从远方前来与我交流，这不是一件最可快慰的事吗？不过，就算没有人感应到我的生命讯息，我也不会因此失望遗憾，而仍然独立自足地过我的生活。我想这才是一个人格独立、富有自信的君子应有的风范吧！

【讨论】

1. 关于"学而时习之，不亦说乎"，多半人都误译为："学到一项知识，然后常常复习它，不是一件可喜悦的事吗？"这正是完全不自觉地就套用知识之学的观点来理解《论语》所生的谬误。要驳正这项误解，首先就要指出这完全违背我们学习知识的经验。因为就这句话的语意而言，"说"（悦）的来源在"习"不在"学"，但知识之学的喜悦高峰却分明在学会（由不知到知）的刹那。（当苹果掉到牛顿头上的刹那，当阿基米德一脚踏进浴缸而水满溢出来的刹那，他们忽然懂了！是多么兴奋！）至于已学会（例如一个数学定理）之后，为了熟练不忘而多多复习（例如把生字写五十遍），哪有什么喜悦可言呢？把《论语》章句当知识之学来解释，难怪惹学生反感。原来它不是在谈论知识的学习，而是在谈论做人的道理，这种道理重心在行不在知，一项道理在初闻之时（例如做人要诚实）只是一种提醒、建议，并无实感，也非真知。总要落实在生活中真的做到，才会懂得（例如说谎后的忐忑不安，坦承后心中石头才放下）。这时的懂就叫"实践之知"，原来实践是很贵重的。所以"习"不该解为知识之学中的练习、复习（那只是依知识去反复操作罢了），而是"习行""实践"之义。再者，这种落实于生活中的实践也不能勉强去做（会流为刻意，反成虚假），只能将道理放在心上，等机缘来了，自然去做，才是真诚的实践。所以"时"也不是"时常"之"时"，而是"圣之时者"的"时"，也就是"时机""机缘"的意思。最后，这句话为什么要用问句呢？乃因道德实践发自每个人的真诚主动，不是一个模子大家照套，所以只有真有实践经验的人才会懂。孔子为了尊重每个人的主体自由，不能权威性地宣说（如说："学而时习之，说也！"），也不该仅属个人经验的分享（如说："学而时习之，乐矣！"）。孔子用问句，正是一种邀请之意："学而时习之会是一件可悦的事，您说是吗？"换言之，这些话语是仅供参考的，读者是否同意，应该尊重每个人自己的感受和判断。这才是生命感情之学和价值判断之学的精神所在呀！下两句同样也是使用疑问句，意思也是如此。

2. 关于"乐"和"说"的含义，虽然大体都属正向的心情，但细微处还是有差别。"说"是一种从内心直涌出来的兴奋感，所以适合用在第一句，表示一种有所领悟的心情。"乐"则是指一种与所处的环境或所遇的对象相融为一片、相通为一体的和谐感（如常说"乐在其中"），所以适合用在第二句，表示一种与同道友好相知相感、打成一片的心情。所以这两个字不能随便换用，如把本章前两句说成"学而时习之，不亦乐乎！有朋自远方来，不亦说乎"，味道就不对了！前句便变得散漫少了一点儿认真为学的精警，后句则不免多了些以自我为中心的得意。

3. 关于本章这三句的义理结构，第一句重在自我独立人格的建立与精进（所谓己立、己达），第二句重在由己而人的推扩与相通（所谓立人、达人）。可以说分别表示了道德生活的内部（自由、自主、自尊、自信）与外部（相知、相爱、相信）的修习，也逐渐发展出后世所谓"内圣学"与"外王学"。至于第三句，则是规定了内外两面学问的本末关系，当以内在的自立自达为本，以外在的立人达人为末。换言之，对他人产生了好的影响，只是自我修养的自然结果，而不是目的。所

以，若有人受到我的好影响，我会欣然同乐；但如果没有，也
没关系，因为仅需学而时习之，我的人生便已无憾了！这才配
称为人格独立，才真有所谓自由啊！总之这一章可说已将儒学
的规模精要地建立起来了！

▦ 二、道德实践之学的内容次第

弟子入则孝，出则弟，谨而信，泛爱众，而亲仁。行有余力，则以学文。(《学而》六章)

【意译】

青年求学，要先从日常生活的实践做起：首先是孝敬父母，友爱兄弟；然后再向外推扩，秉持端谨诚实的态度去普遍关怀所有人，而对修养有得之士，则更加亲近。在这样以实践为主的生活中，若还有一些空闲，才去学习书本典籍上的道德知识。

【讨论】

1.这一章依然符合上一章由内而外的儒学规模。但对内外本末之分，却有了更多重的解析。第一重是以实践（行）为本，知识（文）为末。第二重是在实践中又以孝悌为先，爱人为后。遂与上一章以己立为本、立人为末稍有不同了，但义理上仍然是可以相通的。

2. 这最大的相通处便是不论所学是行是文是内是外，都可以总名为"学道"。只是道有君子之道、小人之道，有实践之道、知识之道罢了！如《阳货》四章说："君子学道则爱人，小人学道则易使也。"即点出君子之学，以爱人为主；但爱人却必须以己立己达、能孝能悌为本，才是爱人以德而非姑息。这才是所谓实践，也是君子才能做到的所谓"君子学道"。至于小人无能己立立人，便只能学一些专业的知识技艺行为规范（广义之文包括礼制、典籍、技艺），好方便纳入体制运作，做一个称职的公民，即所谓"易使"，亦即属"小人学道"。当然，《论语》主要探讨的是君子之道、实践之道；至于学文，并非全无关于实践爱人，但至少是间接的相关而可有可无了，所以才把学文列为末。

3. 在爱人的实践课题上又须以己立己达、能孝能悌为本。为什么本又要分别从"己立己达"和"孝悌"两方面来说呢？原来以己立己达或说以独立人格为本（如上一章的"学而时习之不亦说乎"），是从人我关系立说（先立己再爱人）。以孝悌为本（本章主此），是从爱人的先后顺序立说（先爱亲再爱众）。如《学而》二章有子说："孝弟也者，其为仁之本与！"也是指出爱人（为仁）当从爱亲（孝悌）开始。至于为什么要从爱亲开始？容我们在第六章专论孝悌时再详予讨论。

4. 既然泛爱众，为什么又要特别亲近仁人呢？即因道德实践之学，本质就是爱人之学，即所谓"为仁"。但爱人的能力本来就是要从做中去学（例如在实际情境中斟酌权衡），而不能单凭书上知识，把它当公式来套用。所以，当在一般性的爱人行动中，若遇到修养有得之士，能将人我一体的境界（这就是仁的境界）体现出来之时，就应该把握机会，细加体验、咀嚼、学习，好更增强我们的爱人能力。原来这才是学为仁的主要方式，至于研读书上的知识、道理，反而是次要的方式呢！

5.关于"亲仁"，一般都解释为"亲近仁人"。其实孔子从没有称许过任何活着的人为仁人（他只称许过历史人物，因为可以盖棺论定），在此也不例外。所以依我个人之见，这里的"仁"仍只当理解为"仁的情境"，即在人我交流时，忽然呈现的生命相通，人我一体之感。当然，这情境的发生，最主要的因素仍来自人的生命品质，所以也无妨就称在此情境中的人为仁人。但须知这只是在某人身上偶然呈现的境界，仍不等于说某人就是仁人。关于这一点，其详请参专论仁的第七章。

子夏曰：贤贤易色，事父母能竭其力，事君能致其身，与朋友交，言而有信。虽曰未学，吾必谓之学矣。（《学而》七章）

【意译】

子夏说：一个人如果能够把他的人生态度，从追求感官的享受转移为德行人格的修养，例如在对待父母时能尽心尽力，在从事公务时能牺牲奉献，和朋友相交能信守道义。那么，就算他什么书都没有读过，我也一定会说他既然已经将书上的道理都实践出来，也就等于都读过了。

【讨论】

1.这一章的重点，正在"虽曰未学，吾必谓之学矣"一句，刚好和上一章"行有余力，则以学文"相呼应。在这一章所谓的学，虽然表面上是指学文，但实质上则指向学道。也就是说，学文的目的正在学道（在生活中实践），所以如果已能将道理实践出来，就算不知道这些道理又何妨？反之，若知而不能行，那么道理知道再多又有什么用呢？

2.至于实践之要，还不在行为，而更在态度，亦即所谓人生观、价值观。所以全章论实践，主眼在"贤贤易色"（以贤贤易好色）一句，以领属下面列举的三项行为。而要建立正确的人生态度，则须从以生理欲求（好色）为主的层次提升到以意义创造、自我实现为主（贤贤）的层次才行。孔子曾说："吾未见好德如好色者也！"（《子罕》十八章）亦可与本章相发明。

　　哀公问："弟子孰为好学？"孔子对曰："有颜回者好学，不迁怒，不贰过，不幸短命死矣！今也则亡，未闻好学者也。"（《雍也》三章）

【意译】

鲁哀公问孔子："在您的学生里边，有哪些是好学的呢？"孔子回答说："恐怕只有颜回一个人可以算得上好学。因为他能做到情绪都当机而发，适可而止；而且每犯一次过，都能立刻警觉、反省，自我提升，不再重蹈覆辙。但很可惜他年纪轻轻就死了！现在我身边像他这样好学的人已经连一个都找不到了。"

【讨论】

1. 这一章直承前几章一再强调实践之学重在学道、学为仁而非学文之义。而仁学要在为人态度的端正而不在行为的知识技术。（当然不是说行为的效果与知识的操作不重要，而是若就行为是否善、是否道德而言，源在存心与态度。）但要如何修养以促使态度或人生观之端正呢？或促使人的价值观由好色转为好德呢？要点就如前文所云：从生活的真实经验中学。怎样学？就是一发现自己有过，立刻就改，一刻都不蹉跎，一点都不掩饰，并且就借此机缘，领悟了、学到了做人应有的态度。但所谓过是指什么呢？从过中学到的又是哪种人生态度呢？这里的核心课题无非就是在人我相接时你所秉持的存心、态度是爱还是自私。而落实下来的一个考察点就是人情绪（包括喜怒哀乐）的抒发到底是意在沟通人我还是在自我防卫或陷溺。若是前者，一定会当机而发而且发得有道理，一定是针对对方的表现当喜则喜、当怒则怒，也就是会诚实表达自己去寻求与对方的沟通并且相期于道。而且是事情既过，情绪就立刻放下，既没有情绪的残留（所谓余怒未息），更不会把残留的情绪转嫁给不相干的对象。这就是所谓"不迁怒"。除了不迁怒，也不迁喜、不迁哀、不迁乐，刻刻都如实活在当下，且爱人以德。而所谓过，就是指人在人我交接时被对方刺伤了，遂急于自我防卫而忘了也无能去爱人，遂显出迁怒这种自卫反应来。（这是就迁怒说，若就迁喜来说，则是事情虽过，仍沉溺于之前的喜悦之中，忘了与后来的事机如实相应，也同样是封闭于自我，无暇去爱人，而有亏为人之义。）总之，不迁怒、不贰过两点，正是反求诸己、修养仁心的根本要义。严格言之，须扣紧这两点才算好学。孔子独赞颜回，是有道理的。仅就这一层（所谓内圣学）而言，颜回已达极致，恐怕连孔子都未必能超过呢！

2. 这一章说的是最直接的学道、学仁，至于通过知识、行为规范的帮助，则是间接的学仁，见下列诸章。

子曰：君子博学于文，约之以礼，亦可以弗畔矣夫！（《雍也》二十七章）

【意译】

一个君子如果能够广泛地学习各种有关实践的道理或道德知识；然后应用在生活与人我交接之上，还能够慎选合适的道理为参考标准，在实际情境中权衡增减到恰如其分，那大体上也就不会离道太远了！

【讨论】

1. 相对于直接在生活中实践磨炼、斟酌权衡，本章所论可说是间接的学道、学仁，这就是在我和生活中间，多了一项理或知识的媒介，即所谓"文"。知识的好处在于它归纳出生活或人际交接的种种类型、常模，而厘订出在每一种状况下的标准反应。循此而行，虽不中亦不远矣。当然因为状况繁多，所以要广泛学习，才能方便套用。但若全靠刻板知识来规范，毕竟不能贴切每一个当下独一无二的具体情境，而有胶柱鼓瑟之弊。所以不能盲从教条，而应该在繁多的道德知识中慎选其一做参考标准，还须针对实存情境做必要的斟酌损益，才能恰如其分。这种调整的行动，就称为"约"（收束），而调整的依据，就是"礼"。但这里的礼，就不是指成文的教条（礼之规范义），而是指恰如其分（礼之权衡得中义）。总之，学道学仁本质上仍然是要在生活的真实情境中学，差别只在直接行仁还是先参考常模再做斟酌权衡罢了！

2."畔"，通"叛"，违反、叛离也。违背叛离了什么？原文没有明说，但衡量全章文意，应该指道。当然，道不必呆板地理解为什么形上原理，而更应该视之为"当下实存的人我一体的情境"。这种理想情境的实现，最好是直接通过明觉的心灵、敏锐的感应去达成。但如果人心的明觉度不足，就要退一步借助于种种道理来先确定一个大致的模式，再据此做一些微调来贴近实存的情境。这样做虽然隔了点儿，但至少八九不离十。所以孔子不直接肯定地说"对"，而用松动点的语气说："大概也不致离道太远了。"

子曰：小子何莫学夫诗？诗可以兴、可以观、可以群、可以怨。迩之事父，远之事君，多识于鸟兽草木之名。（《阳货》九章）

【意译】

孔子说：同学们，你们有空的时候何不也学一学诗呢？懂

··· 65 ···

得诗有很多好处：可以借诗激发我们的道德情怀，也可以通过诗去观察各地的民情风俗，还可以用诗来作为与朋友应酬砥砺的渠道，更可以在郁闷的时候借诗来抒发心情。不管是在日常生活中与家人相处，还是走出家门去参与社会的事务，诗都是很有用的。还有，诗里面常会提到许多动物植物的名称，读诗至少可以增长我们的知识呀！

【讨论】

1. 就间接学道学仁而言，礼文是间接中还比较直接的，因为道德规范就是要直接用在生活上去帮助我们拿捏分寸。至于诗、书这种前人感情、生活的历史记录，就可以不直接用在我们的待人接物上，而只单纯用作阅读、欣赏的对象，所以对实践而言就更间接些了！怎样的间接法呢？一在于完全不落入生活，就直接从读诗的活动中学到一些什么，如被作品的意境感染而兴发志气（兴），或者从作品透露的情调风格推知作者的人品与他所处时代环境的状况（观）等。二在于把诗当作生活上的一种工具来使用，如在朋友聚会的场合，用诵诗来沟通情志（群）；或者在个人生命受挫烦闷的时候，借作诗、吟诗来抒发情绪（怨）等等。上述种种，虽也有益于道德实践，但和学礼相比，确是又隔一层。

2. 诗，在此指《诗经》，但可以引申指所有文学乃至艺术作品。

3. 怨，心情不舒畅坦直也，故有委屈郁结意，在此不宜过度解释为怨恨。

子曰：加我数年，五十以学易，可以无大过矣！（《述而》十七章）

【意译】

孔子说：如果老天可以再给我几年寿命，让我在五十岁前把《易》学参透，那么，对我的学道生涯来说，也就可算没什么大遗憾了！

【讨论】

1.诗还可以用在生活上感发情志、沟通人我；至于《易》，就纯是一种形上原理，要参透原理再落实应用于生活，就比诗更间接些了。但原理可以概括一切，要透到这一层，才能保证平日所学的万端，都真实无妄，并行不悖，不致驳杂不纯，扞格矛盾。所以就学道学仁而言，仍属本质相关而不可缺。所以孔子才油然兴起如此愿望，也可知学易是诸种学习中最后的一步。

2."五十"，一说为"卒"字在传抄时误分为"五十"二字。若然，则文意为"再给我几年，好让我把易学完"，也可通。

三、与道德实践无本质相关的
知识技能之学

　　子张学干禄，子曰："多闻阙疑，慎言其余，则寡尤。多见阙殆，慎行其余，则寡悔。言寡尤，行寡悔，禄在其中矣!"(《为政》十八章)

【意译】

　　子张正在寻求参与政治的机会。孔子听闻其事，就主动提醒子张别一不小心把路走歪了。那么怎样才是正当的参政之道呢? 孔子说："多听听别人的言论，汲取其中有道理的，淘汰其中有问题的，那么等你自己去发表言论的时候，就不会招来太多的批评。更要多看看别人是怎样做事的，汲取其中行得通的，淘汰其中不周全的，那么等你亲自去做事的时候，就不容易做出会后悔的事。当你发表言论都能深获人心，少有批评; 实际行事都能顺利成功，少有悔憾，那么在位者看在眼里，自然会乐于任用你，这才是求仕的正途啊!"

【讨论】

1.所谓"学干禄",有技术的与道德的两个层次。子张学的显然是前者,所以直说"干禄"。(干,求也;禄,俸禄也,干禄即求官的意思。)用现在观念来说,就是去念个政治系获得一些政治知识,再通过参加考试获得公务员任职资格,或者经营人脉等,总说为技术层次的寻求。但孔门教的是道德层次的"为仁",也就是秉持道德的爱民理想(引申为正大的政见),培养道德的爱人能力(引申为合义的施政),凭自己的道德人格去获得为政者的青睐或选民的认同。这才是为政之本,至于技术,只是辅助施政的工具罢了!所以,对子张有可能误把努力重心放在技术层面,孔子才有如此提醒。

2.这里所说的"疑""殆",都不是指知识之疑、技术之殆,而是指道德上的可疑(其言论政见是为私抑为公?)与有欠周全(如矫枉过正)。同样"尤""悔"也不是指知识技术上而是指道德上的被批评或犯错。

　　樊迟请学稼,子曰:"吾不如老农。"请学为圃,曰:"吾不如老圃。"樊迟出,子曰:"小人哉!樊须也。上好礼,则民莫敢不敬;上好义,则民莫敢不服;上好信,则民莫敢不用情。夫如是,则四方之民,襁负其子而至矣!焉用稼!"(《子路》四章)

【意译】

　　樊迟请孔子教他种田,孔子说:"你不如去找熟练的农夫来教你更好。"樊迟不死心，又改请孔子教他种菜。孔子还是同样的回答："你不如去找有经验的菜农来教你更合适。"樊迟告辞之后，孔子忍不住评论说："樊须（须是樊迟之名）呀！还停留在被统治阶层的平民思路！忘了自己该站在君子爱人的角度去思考事情。其实只要为政者实践礼教，人民自然都态度诚敬；只要为政者施政合理，人民自然都心悦诚服；只要为政者说话算话，人民自然都愿尽力效命。为政者能做到这样，保证四方的人民都会扶老携幼来投奔你了！就为政者的素养而言，有什么必要去学种田呢？"

【讨论】

1. 对通过政治作为去爱人（即所谓"道德政治"）而言，子张想学一点行政技术，还算相干。至于樊迟想学种田，就完全没有必要了！所以孔子直接予以拒绝。当然我们要体察当时的背景，仍是管理者与被管理者明确分工的时代。但在孔子之前，两者成为世袭的阶层（君子指统治阶层，即贵族；小人指被统治阶层，即平民），孔子的看法、主张已有不同。其一在施政者不能只靠统治技术（权力、资源的运用），更要秉持道德的理想与爱民的仁心。其二在管理阶层已非世袭，而更要取决于他的道德人格、爱人能力。因此"君子""小人"这一对名词，也从社会阶层的概念（管理者与被管理者），转换为人格修养的概念（人格独立的文化人与尚未经文化养成的自然人）。孔子门下也的确有许多旧概念下的小人（平民），来此学做新概念下的君子（做人格的修养实践）。所以孔子才对樊迟未能摆脱旧思路做出"小人哉"的批评，并对君子小人的道德分位做了详细的厘订（关于君子小人之辨，请参考本书第四章）。

2.统观本章论学，我们很清晰地看到孔门为学的核心在学道、学仁，也就是修己安人的生命实践之学。然后以仁为核心向外推，可以次第有学礼、学诗书易、学干禄（行政技术）、学稼（生活技能）等。这一连串的学，总括而言当然都可以称为学道。但学道实有"君子之学道""小人之学道"之分。所以狭义地说，孔门的学道仅指前者，亦即指学仁、学礼、学诗书易而言。至于行政技术、生活技能，孔子并非否定，但站在分工的观点，这部分孔门就不去教导了。

肆

论道与君子小人——
为学的根本方向与领域

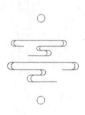

从本书上一章的论道德实践之学，我们已经可以大略掌握孔门之学或说儒学的重心何在：就是学道、学仁，或者说学习如何才能成为一个人，此之谓"成人之学"。

当然，这里所说的人不是指生物学、生理学的人，而是指道德学、心性学的人。前者只涉及生命体的存活，后者则更着意于生存、生活的意义、价值何在。这可说是人之所以异于禽兽的本质所在，而这一点涉及意义价值的本质及其实现便总称为"道"，包含人生的意义价值是什么，在哪里？（何谓道？），以及如何才能实现、体现道（为道、谋道）。

但人虽然异于禽兽（就道德学说，在此直称为"人"），可人也依然属于动物之一环（就生物学说，在此则称为"人类"）。换言之，人是具有双重身份的。人既要和所有动物一样去摄食谋生，维持存活，又不能仅止于此，而更要在存活的基础上，更获得意义、价值的满足，否则人就会感到空虚、烦闷、无聊、活得没意思，严重时甚至会不想活。但要怎样才能获得意义、价值的满足呢？这就是孔门之学、儒学、成人之学的核心关怀了！针对这核心关怀，先明辨人的两重身份及其不同的活动内容与形态；弄清楚两者的关系与分际，以避免混淆与错置，无疑是最重要的第一步。在《论语》中，因此有谋道与谋食之辨，也有君子与小人之辨。当然，孔门之学重在谋道以无愧身为君子。以下，我们就以《为政》第三章为主导，开始这一论题的探讨。

一、人生两领域的划分与六十分理论

子曰：道之以政，齐之以刑，民免而无耻；道之以德，齐之以礼，有耻且格。(《为政》三章)

【意译】

孔子说：用法律政令来规范人民，若人民犯了法，就动用公权力去惩罚他；这样，人民虽然可以避免妨害公共秩序，自己也获得生存的保障，但却不能获得自我存在的尊严感。用理想与爱去感召人民，当人民受到感召前来，就设计优美的文化活动来让人民在此沟通相融。这样，人民不但能获得做人的尊严感，而且还会不断自我提升以企及道。

【讨论】

1.《论语》中有这一章是很珍贵的，因为它非常明确地把人生区分为两重领域与两种类型的活动。就是以生存为核心关怀（动物性的需求）的领域与环绕这核心而进行的谋生活动，以及以意义、价值、尊严为核心关怀（人性自我实现的需求）的领域与环绕此核心而进行的谋道活动。

2. 这两重领域与活动有什么本质的不同呢？简言之，谋生活动有三项本质，就是必需、外求与有限。所谓必需，是指饿了就得吃，冷了就得穿，必须优先获得满足才能进一步谈其他（例如意义、价值、尊严）。所谓外求，是指所有能满足生存需求的资源、条件都要靠外在环境提供而无法自行解决。所以农牧社会靠天吃饭，工商社会靠老板吃饭。若单就这两项本质而言，人真是没自由（高兴也得吃，不高兴也得吃）又没尊严（全靠上天、老板赐予）哪！还好有第三项本质：有限。所谓有限就是指像这种没自由又没尊严的谋生活动幸好是有限度的，人再饿有一碗饭也就饱了，吃饱后人就开始可以有自由有尊严了，当然这得通过谋道活动。谋道活动也有三项本质（刚好与谋生活动相反），就是自由（而非必需）、创造（而非外求）与无限（而非有限）。所谓自由，就是指它纯出于人的自主意愿而不是被迫、无奈、不得已。这可以说是一切意义感、价值感、尊严感的先决条件或消极条件。所谓创造，就是指一切意义、价值、尊严的发生或获得，只有通过自我创造而别无他途。就此而言，人活得好不好，有没有意义，是百分之百掌握在自己手上。所以若说自由是价值实现的先决（必要）条件或消极条件（有它不一定就行，但没有它就一定不行），则创造便是价值实现的充分条件或积极条件（有它就行，但没有它也不一定不行）。但由于创造必蕴含自由（只有出于自由意愿的行动才能称为创造），所以也可以说创造就是价值实现的充分且必要条件。而如此创造出来的成果即称为意义感、价值感、尊严感，而它们的本质属性就是无限。所以意义价值尊严感本质上就是无限感或其种种同义语：自由感、永恒感、圆满感、完美感等。

3. 由于谋生活动必须资源外求，所以为了平息争夺以获得集体安全，人遂设计了种种集体安全体制，来维持谋生活动的秩序，以便纳入此体制的所有人都能获得同等的保护、合理的对待而各遂所生。这体制的内容便是法律（包括法令、规章、制度等）以及执行法律的权力。其精神便是公平与正义，亦即可为所有纳入体制的人所共许。符合这精神的律法可称为公信力，符合这精神的权力可称为公权力。用公信力去规范要求人民（道之以政），人民是比较乐从的；用公权力去惩治不守法的人民（齐之以刑），人民也是比较能接受的。但政、刑即使再符合公平正义的精神，毕竟动机仍是出于谋生的需求、一己的私利（免），所以仍与人所独有的意义价值尊严需求无关（无耻）。换言之，仅有丰衣足食（免于匮乏）与安全保障（免于恐惧）仍是不够的。人因此在生活的基本需求获得满足之后，价值尊严的进级需求已萌芽之时，一定要对这新需求有合理的回应，以求其实现。

4. 对价值尊严的需求（有耻），怎样才是合理有效的回应呢？这首先就是不能顺过去以谋生为中心时期的惯性去回应，而须在根本态度与方式上有所调整。例如由外求改为创造、由重量改为重质。所以，虽同样用"道（导）"这个动词，我们在谋生层次的"道之以政"和谋道层次的"道之以德"，解释就要有所不同。前者重在集体安全、社会秩序的维持，所以

"道"比较偏向刚性规范义；后者重在个人心灵的自觉、自由的维护、意义创造力的启发，所以"道"就要比较偏重柔性诱导义（所谓"循循善诱"）。如何诱导？当然是以心启发心，以爱点燃爱，即所谓"身教"，也就是"道之以德"。同样，虽都使用"齐"这个动词，在"齐之以刑"，应该理解为"整饬""纳入秩序与常模"，也不妨就用"惩罚"来意译。但在"齐之以礼"，"齐"就不应理解为带强迫性的"压平"，而应当在尊重人的自由意志这前提之下，理解为人与人间通过自由沟通而见解渐趋一致，生命自然融合为一体。这才是即自由即合理的道德境界，也是人性中进级需要（自由与爱）的实现，因而带来人意义价值尊严感的满足（有耻）。这种自我实现的满足，更会增强人谋道的动力而使人不止息地上达。"格"在此是"至""企及"之意。企及什么？当然是企及道的境界。

5. 对这明确区分人生的初级（基本）需求与进级需求的动态升进理论，我曾名之为"六十分理论"。这是借用考试的分数概念。以六十分为界线（及格线），以下是谋生领域，这是无自由、尊严可言的人生基本义务领域（好比必修科考到六十分是做学生的基本义务），如果不能善尽这义务，就不能生存（好比不及格就会拿不到学分），更谈不上在存活的基础上去领受生活的意义、尊严与美了。而六十分线以上则是情况完全不同的谋道领域，在生存的基本需求已获满足的前提下，人才可以顺自己的意愿、兴趣、理想，去走出一条独一无二的自我实现之路。而所实现的人性进级需求，就是自由与爱。而结合谋生、谋道，人生需求也可依他的实现次序列为衣食需求、安全需求、被爱需求、自由需求、爱人需求五级。这粗看和美国心理学家马斯洛（Abraham Maslow）的理论相似。但其中实有最关键的一项差异，就是马斯洛的理论没有这一根六十分线，所以未能在本质与方式上明确区分谋道与谋生的不同，并说明两者的本末辩证关系。因此在马斯洛的理论中，追求被尊敬、追求自我实现的含义就有可能与谋生层次的外在追求（如追求成功、被他人艳羡）混淆，而构成误导。而在《论语》中，孔子则对此有再三的明辨、厘清，我们在以下的引文中便可以明白看到。

⠿二、谋道、谋食的厘清与辩证

子曰：士志于道，而耻恶衣恶食者，未足与议也！（《里仁》九章）

【意译】

孔子说：既然身为士人，心中已明明泛起要求人生要活得有意义有价值的愿望，却仍不免顺着谋生的惯性，去追求吃得更好穿得更好，这不分明是矛盾吗？对这样心有迷障的人，是没有办法跟他谈人生道理的。

【讨论】

1.对于"志于道"，我们不采取"立志求道"这种一般的解释，因为太教条、太无感了。原来"志"是"心之所之"的意思，它本来就是自然泛起而不是刻意去立的，刻意立志（立志做企业家、发明家）反而显得虚矫与外求。而自然泛起的，才是人性中本有的愿望，而在此当然是指意义、价值、尊严或说自由与爱的需求。但这种需求什么时候才会自然泛起呢？就是吃饱饭以后。在此一方面显出谋生的优先性，可也一方面显出一旦吃饱饭，人性的进级需求就必然继之而起的不可遏止性。所以，"士志于道"固然可以顺文意解为"一个士心中自然泛起求人生意义之念"，也可以反过来说，得要心中真有求道的理想才能称为士呢！

2. 什么叫作"真有求道的理想"？那就不能仅从"心中自然泛起求意义的朦胧意念"来说就够；还须更进一步，看人对这已一再泛起的求道意念怎样回应而定。这意味着人生需求既然升级了，人生态度与做法也得升级才行。那就是自觉地明知人生意义价值的实现不能向外追求，只能反求诸己，通过自由创造而实现。但这时人最需要去克服的难题来了，就是长久以来，习焉不察的行为惯性，依然在主宰着我们的言行。那就是误以吃得更好、穿得更好为价值。却不知那只是在还吃不饱、穿不暖的情况下（在六十分线以下）所显示出来的价值假象。换言之，衣食不周并不属于价值层次而是属于生存领域，它的实义乃是"生存的威胁"而非"美善的不足"。"吃得更好"（更饱足）和"活得更好"（更有意义感的满足），两个"好"的意义是完全不同的。但当人还处在困于衣食而不知人生意义为何物的阶段，误以衣食的饱足为价值的满足是情有可原的。但在已吃饱饭之后还这样以为，就真的是走岔路了！那就是会凭空撑出一个既无关谋生（因为他早就吃饱了），也无关谋道（因为再锦衣玉食，也终属外求的有限，而与意义价值的无限本质相左）的虚妄空间，让人在此即使拼命追求，结果也仍只是一场空，所过的也徒然是白忙一场的虚妄人生。所以孔子才感慨地说"未足与议也"。

3.真的，我们看到许多人明明已吃饱吃撑了，还要继续吃；明明赚的钱已八辈子用不完了，还要拼命赚，请问所为何来？当然不是为了谋生，而是想借此证明自己。但这种方式（包括争名、求利、居位、弄权，可总名曰争胜）的自我证明真有效吗？却见钱赚再多的人都不会满足，都还要更多；已高居第一名的人都不会放心，怕随时会掉下来，就知道这种方式与态度是无效的。那怎样才是有效的呢？忽然看穿名利非我所能真实拥有，而放下了，捐出去与人分享了，用所拥有的名利权位等条件为爱人的工具去饶益众生了，意义感反而会真实涌现。有效无效的关键在哪里？无非就是在六十分上下，人的回应态度与方式相不相应，有没有接错线罢了！

子曰：君子谋道不谋食。耕也，馁在其中矣；学也，禄在其中矣。君子忧道不忧贫。（《卫灵公》三十二章）

【意译】

孔子说：君子应该把生活重心放在谋道，也就是求价值的自我实现之上，而不应该仍放在谋食求生存之上。因为谋道的活动同时能连带解决谋生的需求，谋生的活动却无法涵盖谋道。举例来说：你就算再努力赚钱，你的心灵仍然是空虚的。但如果认真去学做人，那么凭着精通做人的道理、富于身心修养的经验，对赚钱谋生还是有本质上的帮助。所以，作为一个君子，应该担心的是修道是否有成，而不是饭吃不吃得饱啊！

【讨论】

1. 这一章的重点是在厘清谋道、谋食两者的本末关系，那就是本可以蕴含末（谋道本身便可以兼顾谋生），但末却不能蕴含本（谋生却无法触及道）。如果用前述的六十分理论来说，就是活在及格线以下的人，只知外求，难免自卑，是根本不能想象理解人格独立、自由悦乐、无私相爱为何物。所以孔子才会提出"谋道不谋食"的人生观命题，而且用"忧道不忧贫"来作为君子修道的结论。

2. 所谓谋道可以蕴含谋食，也可以有好几层含义。其一是因谋道的体会而兼为谋食活动做了明确的定位：就是谋食活动仅对形躯存活有效，而完全与价值尊严的实现无关。所以孟子才会说"言饱乎仁义也，所以不愿人之膏粱之味也"。（就是说：当人从创造性的文化活动中获得价值尊严的满足，就不会再去向慕追求人间的美食了。）其二是因在谋道活动中培养了独立人格与内在自信，这精神素质也有助于谋生活动的成效（例如更能专心致志，不患得患失，不易被失败所打击等）。其三是谋道的素养本身就能兼作谋生的工具（例如招收学生，传授修心养性之道）。

子曰：富而可求也，虽执鞭之士，吾亦为之；如不可求，从吾所好。（《述而》十二章）

【意译】

孔子说：如果不违背良心道义，财富也是可以追求的，甚至是像驾车这种一般被认为低贱的行业，我都乐意去做。但如果有亏良心，不合道义，那我还不如顺我的真性情去生活，这不义之财就不必去赚了！

【讨论】

1. 这一章更明确点出"道"与"食"、尊严与财富的本末关系，也为本可以蕴含末更添新意。原来谋生领域中所涉及的物资、财富，虽然理论上是价值中立的客观存在（如说"金钱无罪"），但实际上钱财只要一经人手，便无可避免与价值相关（金钱本身虽无罪，但若被用来做坏事，便也会沾上血腥）。所以我们在处理金钱（乃至权力、名位及种种资源）的时候，一定要秉持良心，根据道义，好让财富资源发挥出正面的影响力。否则，轻率去赚不义之财，不只会让自己良心难安，得不偿失，更会助长社会上自私争夺的歪风，让金钱成为万恶之源。

2. 本章中的"可"与"不可"，都是价值判断语，但和"应该""不应该"相较，又微有不同。"应""不应"比较是直接就行为本身作概括性的判断（如说"应该孝顺父母""不应杀人"）。"可""不可"比较是就实存情境中的具体行为作两难权衡、分寸拿捏的判断。所以原则上虽不应杀人，实际上却仍有在某种情况下可杀或不可杀的争议或明辨。所以也和"宜""不宜"，"义"不义"（义者宜也）相近。我们由此也可认定孔子在讨论赚钱这件事的时候，不是通论赚钱本身，而是在探讨钱在怎样的情境下可以去赚，在怎样的情况下不可以去赚。

子曰：饭疏食饮水，曲肱而枕之，乐亦在其中矣！不义而富且贵，于我如浮云。（《述而》十六章）

【意译】

孔子说：我日常的生活非常简单，吃的是粗糙的食物，喝的是白开水，睡觉的时候甚至没有枕头，只枕着自己拗曲的手臂，但在这样淡泊的生活中，我的精神还是很充实满足，自由悦乐的。至于财富权力，我不是拒绝排斥，而是如果要用不正当的方式去获得的话，那种富贵对我来说就像天边的短暂白云，是一点儿也不放在心上的。

【讨论】

1. 这一章孔子不但再度肯定不会去追求不义之财，还更进一步用他清贫生活的自述来强调德与财的本末关系：富贵本质上和精神的充实、价值的满足是无关的；它们反而要在良心的主导之下，从属于人的道德事业，才有其存在意义。

2. 在这一章，孔子将精神上的价值满足，总括为一个"乐"字，也呼应了《学而》首章的："学而时习之，不亦说乎！有朋自远方来，不亦乐乎！"总之，为道有得的满足心境，可以分说为悦与乐，也可以总说为乐。这是和口腹之欲、食色之性的感官满足完全不同的。宋儒（如周濂溪）常令学生寻孔、颜乐处，就是指点学生要把生活重心放在六十分以上的谋道领域。

> 子曰：贤哉回也！一箪食，一瓢饮，在陋巷，人不堪其忧，回也不改其乐。贤哉回也！（《雍也》十一章）

【意译】

孔子说：颜回真是个有好修养的人。你看他每天只吃那么简单的食物，居住在那么简陋的巷子里。一般人老早就受不了啦！他怡然自得的心境却一点儿也不受影响。颜回真不愧是一个修道有得的人哪！

【讨论】

1.一般人读这一章，常误会孔子鼓励贫穷，甚至把颜回早死也归咎于他营养不良。其实这一章的重点是在不改其独立自得之乐。引述颜回的贫穷生活，只是意在强调精神之乐的独立自足性，可以完全不受生存环境的影响罢了！

2.从一般人的不堪其忧，更可凸显谋道可以蕴含谋食的本末关系。此即：愈是修道有得，就愈有能力过更低水准的物质生活。换言之，他的生存及格线就可以更往下调。（别人要六十分才能活，他四十分就可以了。）而相对地，他的自由空间就会更扩大。他若有机会赚更多钱，就可以不用在维持自己的生活之上而更多拿来济助众人。例如陈树菊（慈善家）不就是这样吗？

⠿ 三、君子的人格型态与气象

子曰：君子喻于义，小人喻于利。(《里仁》十六章)

【意译】

孔子说：君子凡起心动念，都会先想到：这样做到底有没有意义？小人则无论做什么事，都会先想到：这样做有什么好处？

【讨论】

1. 从谋道与谋食两种人生活动的区分，便自然引申出两种人生观（或人生态度）、两种人格型态来。便是局限在谋生领域，凡事只问现实利益的人生观（喻于利），而持这种人生态度的便称为小人；以及已提升到谋道的层次，凡事都先问这样做对自我生命存在的意义、价值、尊严的实现是否有帮助的人生观（喻于义），而持这种人生态度的便称为君子。这一章可说是《论语》辨君子小人的各章中最重要、最直扣本质的一章，所以先列出来，以为以下各章张本。

2.所谓君子、小人，原是一对社会阶级的概念（君子是管理阶层的贵族，小人是被管理阶层的平民），但孔子已将它们转换为人格修养的概念：小人是指生物学意义的人，只知顺生存本能去求衣求食；我们不妨即理解为"自然人"。君子是经过心灵自觉、生命提升、人格塑造、意义实现等人文活动去养成的人；我们不妨即理解为"文化人"。关于这一层转换，请参考本书第一章。

3.所谓"喻"，是明白的意思。人生现象是通过人心的诠释才能抉发其意义，亦即使意义得以明白表出的，此即称为喻。而通过不同的诠释观点，抉发的人生意义也就各有不同。君子通过意义之眼看人生，于是人生诸事便充满道德意义；小人通过求生之眼看人生，于是人生所涉及的万物，便都不过是可以占有、消费的对象而已。

子曰：君子上达，小人下达。（《宪问》二十三章）

【意译】

孔子说：君子努力要走通的，是六十分以上，求意义价值实现的路。小人努力要走通的，却是六十分以下，求衣食饱足的路。

【讨论】

本章是顺着君子喻于义，小人喻于利的根本态度之辨，引申出君子小人走的根本是两条不同的路。不过孔子在此并没有鄙薄小人的意思，只纯然厘清彼此的道不同罢了！所以我们只将小人理解为素朴的自然人，他们勉力工作求生存，也是很真实的生活，和后世渐变为坏人含义的小人是不同的。

子曰：君子求诸己，小人求诸人。(《卫灵公》二十一章)

【意译】

孔子说：君子是借着发挥自我内在的道德创造力去走通价值实现之路；所以若有不顺，会自我反省。小人则是借着向外追求种种资源去走通谋生之路；所以若遇挫折，容易怨天尤人。

【讨论】

1.本章顺着君子小人所走的路不同，进而谈到如何才能走通的方法问题。而根本的差别就在内求与外求。乃因意义价值的实现之源在内（纯由良心自觉地创造与实践），而生存所需的种种资源都在外的缘故。

2."求"在此可有两重含义，就是"寻求"义与"责求"义。寻求有外求内求之分；求而不得之时，也有内省与外责之别。本章的意译，因此将两重含义都容纳了。

子曰：君子怀德，小人怀土。君子怀刑，小人怀惠。(《里仁》十一章)

【意译】

孔子说：君子一心顾念的是自我的人格理想如何实现，小

人心里想的则全是生活的安适。君子心中常警惕的是不要误掉
进追名逐利的陷阱，小人却一心贪图既得利益而浑然不知其中
的凶险。

【讨论】

1. 前三章大致摆出君子小人的不同格局，然后要讨论的就
是在不同的格局中，人也会自然表现出不同的心态与行谊。可
见人生观会决定人生格局，人生格局又会塑造人的性情行止。
而总之仍不出谋道与谋食两大形态。

2. "土"本义是土地，引申为居所，也就是人生活的根据
地，再引申为安适可靠的生活。

3. "君子怀刑"与"小人怀惠"，二者实有因果关系：因
怀惠而陷于刑，因不怀惠而免于刑。原来君子志在谋道，并不
在六十分以下的领域讨生活，自然不会作奸犯科，所以才以
怀刑来自我警惕（以受刑为耻）。那么小人为什么会作奸犯科
呢？正因人生重心既在求利，便一定会贪得无厌，以至游走于
法律的边缘夹缝，寻求获得更高的利润。于是一不小心便触法
受刑了！孔子提出"小人怀惠"，也有警告的意味。

子曰：君子坦荡荡，小人长戚戚。（《述而》三十七章）

【意译】

孔子说：君子的心胸总是光明无隐，开朗自在。小人则总
是心事重重，患得患失。

君子为什么胸怀坦荡？乃因所求在己，我欲仁仁即至，所以心无忧惧，自然开朗自在。小人则所求在外，能否得遂所愿，自己完全无法掌控，又哪能不心怀忧惧，患得患失呢？

子曰：君子泰而不骄，小人骄而不泰。(《子路》二十六章）

【意译】

孔子说：君子仪态安和舒坦，毫无骄气。小人则相反，不免时有骄矜之态，却反而暴露出他内心的自卑不安。

【讨论】

1. 从心胸显为仪态，君子因有内在自信之故，所以态度反而平易近人。小人则正因内心忧惧不安，不免要在表面上强作气以为掩饰，遂显骄矜夸耀之态。原来自大正是自卑的反映，想用骄傲来掩饰的人其实反而泄露了内心的自卑。

2. 其实人如果安于做一个素朴的自然人，是不致有"长戚戚""骄而不泰"这种表现的。但既已为人，便自然会在吃饱饭之后泛起意义价值的需求。如果不能及时调整人生态度去谋道，价值需求便会渗透进谋生活动中，而使谋生活动也夹带有要求价值尊严的意味了。但这是完全无效的，遂带出因所愿不遂的忧心与虚矫来了。

子曰：君子和而不同，小人同而不和。(《子路》二十三

章）

【意译】

孔子说：君子能与所有人和谐相处，却仍尊重彼此的独立
人格与性情差异。小人则急于和别人认同以互相取暖，反而形
成内心的委屈而布下人我摩擦的阴影。

【讨论】

1.君子自己人格独立，所以才能尊重别人的独立人格，
能平心欣赏别人的特点而不妄有比较、羡妒。小人正因内在
空虚自卑，所以容易结党以壮胆。但这其实只出于私心，并
不是真正尊重别人、爱别人。在心底仍然有争胜比较之念，
眼前的以利合，适足以种下日后闹翻的远因而已。

2.《为政》十四章：子曰："君子周而不比，小人比而不
周。"含义也和本章相同。

子曰：君子不可小知，而可大受也。小人不可大受，而可
小知也。（《卫灵公》三十四章）

【意译】

孔子说：君子也许无法在枝节的才能技艺上表现出色，但
却可以承担整体宏观的大责任。小人却正相反，虽无法担负通
观全局的责任，但却可以在某项专才上奉献他的力量。

【讨论】

1.君子所处，是"通人"之位，小人所处，是"专家"之

位。二者其实可以各居其位，各尽其才。

2. 今天的科技教育，当然是以培养专家为主。至于参透人性，掌握人生价值幸福之源，而力能观照人生，本末兼顾的通人教育，今天确实是荒疏已久，读《论语》正可补足此缺。

卫灵公问陈于孔子。孔子对曰："俎豆之事，则尝闻之矣；军旅之事，未之学也。"明日遂行。在陈绝粮，从者病，莫能兴。子路愠见曰："君子亦有穷乎？"子曰："君子固穷，小人穷斯滥矣！"（《卫灵公》二章）

【意译】

卫灵公向孔子请教行军布阵之法。孔子回答说："礼乐之事，我是略知一二，战争之事，我可是从来没有学过呢！"孔子由此知道无法再和卫灵公说什么，所以到第二天就告辞离开卫国了。到了陈国，粮食吃完了，补给不上，孔子的随从、学生们身体都因饿、累而撑不住了。子路很不高兴地来见孔子，质问说："有道的君子竟会遭遇这样困厄的命运，这难道是合理的吗？"孔子说："人生有限而无常，谁都不能保证不会遇上。但君子和小人不同的是：君子遇到困境，仍能固守住他内在自由悦乐的人格世界。小人遇到打击，就会丧失自信，无所不为，以致违法乱纪了。"

【讨论】

1. 君子秉持谋道的人生观，付出种种修养的努力，开拓出悦乐坦荡的人生格局，最后还要通得过种种考验才能证明你所谋的道果然是真实不虚。那么，这些验证真君子的考验是什么呢？却仍无非是回到六十分理论，看你能否明辨谋道、谋食的不同本质，而安于所择而定。孔子在陈绝粮，这是六十分以下的谋生之事。他的本质原就是必需、外求、有限，人在此是无自由、尊严可言的。换言之是必要时只能接受命运安排而无怨的。但在谋生之上，人却自有一个完全操之在己的自由世界、意义世界。君子若真体验到这世界，当下便是永恒。至于形躯生命，是早晚必然会死的，又何能强求亦何须忧惧呢？君子不忧惧，正因已掌握到这永恒的意义世界，此之谓固穷。小人亦正因不知有此永恒世界，遂只能将心底的永恒需求寄托于有限的形躯谋生活动，遂迟早必然会遭受到有限的打击而为之抓狂，此之谓"穷斯滥矣"。可见小人不是已完成的人格，人必须一旦吃饱，就自觉地调整自己的人生态度以学做君子才是。

2. 当遇到这绝粮的考验，子路会心怀不平地质问孔子，是表示子路还没能厘清谋道与谋食的分际。至于卫灵公，则更是完全只看到生存斗争而不知礼乐人文、意义价值为何物，所以孔子只好离去。其实孔子未必全不知军旅之事，他只是故意这样回答，好点出卫灵公的盲点罢了！

3. 关于人生的两重领域与君子小人之辨，本章就到此告一段落。下一章我们要针对"谋道""学道""学仁"的内容，再做进一步的探讨。

伍

论忠信与改过——道的修养进路与工夫要诀

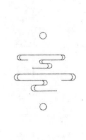

本书上一章论道，虽然已经划出了孔门成人之学的领域，但在这个道领域中，我们到底要学些什么呢？却仍有待更进一步的析论。

在此我们不妨回顾《学而》首章，开宗明义就先提出为学的内外两路：在内是——"学而时习之，不亦说乎！"这乃是自立之学。在外是——"有朋自远方来，不亦乐乎！"这乃是立人之学。这己立立人、己达达人之学，后世遂逐渐繁衍概括为内圣学和外王学。

我们在这里先不管内涵比较复杂的内圣学与外王学，还是先回到《论语》这源头处的己立立人之学，问：它的具体学习内容是些什么呢？

我们在第三章讨论《学而》首章时，已简单提示了自立之学目的就是建立独立人格，培养根本自信（包括自由、自主、自尊、自信），立人之学目的则是培养爱人的能力以达致人我的合一（包括相知、相爱、相信）。但那仍只是为学目的，至于具体的为学内容是什么呢？

　　借着本书第四章的分析，我们可以把这为学内容的范围定在六十分以上的道世界（意义世界、道德世界）而称为"学道"，为学内容的核心则定在"仁"而称为"学仁"。

　　当然，以仁为核心向外延伸，还有学礼、学诗书易、学为政等（见本书第三章），但核心则在学仁。乃因儒学是一种以动力为本的学问，本立才能道生，所以启发人心中的道德创造力去爱人、立人、达人，当然是儒学中最基础、最重要的一环。就此而言，可以说"为仁"之学（孟子则称之为"学问之道无他，求其放心而已矣"。）既包内外（同时是内圣学、外王学的动力根源），也可以说是以内包外（启发内在的动力以自立毕竟是向外拓展道德领域以爱人的基础）。这样的一种学习以及教育形态，在孔门就已确定下来了。而这总的动力根源就称为"诚"。

　　经过以上的析论，我们终于可以将"学仁"或"仁学"的内容通过《论语》的相关章句确定下来了，那无非就是总说为诚，而分说为忠、信两端。

　　忠是立己之学，也就是建立独立人格的工夫途径所在。我们乃是通过不断地"忠于己"（认真诚实地面对自己）来建立独立人格，达致自由、自主、自尊、自信的。信则是立人之学，也就是沟通人我的工夫途径所在。我们乃是通过不断地"信于人"（真诚信实地与人沟通）来建立真实的人我关系，达致人我间的相知、相爱、相信的。在《论语》中，我们看到孔子教导学生、提醒学生的，无非就是忠信两端。当然用语有时会有变化，但含义仍与忠信无异。例如变言为"忠、恕"，仍是忠于己、恕于人之义。又或变言为"直、谅",也是"直于己""谅于人"之义。而不管说忠说信,又常可以用诚或真诚连贯起来。

以下,我们就以《述而》二十五章为主导,展开这一论题的讨论。

▓ 一、孔门为学途径的原则提示

子以四教：文、行、忠、信。（《述而》二十五章）

【意译】

孔子教导学生，总不外文、行、忠、信这四项原则。

【讨论】

1. 因为是原则的提示，所以我们对文行忠信这四个字不作翻译，只进行引述，好保存身为原则的原名，以及它精简的特质。至于这些原则的含义，则通过讨论来展开。

2. 首先是字面上虽说孔子以此四原则教学生，但其实文、行、忠、信并不是并列的四个项目，而是文、行为一组，忠、信为一组。前者是教法，后者才是所教的内容。原来孔子教导学生的，无非忠、信两端。但孔子是用怎样的方式来教导学生去学习忠于己、信于人的呢？却可以有言教和身教两种。文是言教或通过典籍研读来学，也就是本书第三章所谓学诗书易。行是身教或通过在生活中实践来学，也就是所谓学仁、学礼。

但所言无非忠信，所行也无非忠信。换言之，教学内容有二原则，即忠、信。教学方式也有二原则，即文、行。合起来共有四原则。

3. 既然四原则分属教材、教法两层，孔子为什么不分清楚而笼统说为四原则呢？这就是因为中国传统的生命之学和西方知识之学的性格根本不同，西方传统以结构为本，重知轻行，所以有非常严谨的分类概念，不同层次的概念，不会混列在一起。但中国文化传统以动力为本，尊行贱知，所以在道德实践上很精细深刻，但在语言上就只偏重境界的指点，至于在逻辑、知识的展示上就疏略多了！孔子把文行忠信并列，只是一个小例子而已。

4. 正因生命之学重行，所以文、行两者是以行为本，文为末。学文是为了带动实践，所以若已充分实践了，文不学也没关系。此义请参考本书第三章。

5. 至于忠信两者，则当然是以忠于己为仁学之本，推扩延伸到信于人为末。此义亦请参阅本书第三章。

6. 综合上述的两重本末关系，文、行、忠、信四者就教学而言的义理规模就算大致建立起来了。

⠿ 二、忠信之道的教学示范

曾子曰：吾日三省吾身：为人谋而不忠乎？与朋友交而不信乎？传不习乎？（《学而》四章）

【意译】

曾子说：我每天都好几次反省自己的所言所行。至于反省的内容，在德行实践的方面，例如：为他人规划事务，是否不够认真从事？和朋友相交，是否有轻诺怠慢的情形？在典籍学习的方面，则会反省：老师传授的道理，有没有恰当应用在生活上？

【讨论】

1."三省"的意思，是"好几次反省"而不是"反省下列三件事"。因为"三"位在动词"省"的前面，依文法是修饰动词的限制词（副词），所以一定是"好几次反省"（三表多数）的意思。如果意指"反省下列三件事"，依文法应说"所省者三"。

2.曾子对自己经常反省的内容，分明区分为文、行两层，而总不离忠、信两端。而又因为以行为本，所以只在行这一层详细展示为忠、信两端，至于在文的一层，便只以"传不习乎"简单带过。

3."为人谋而不忠乎"，从字面看是"忠人之事"的意思，和我们所界定的"忠是立己之学"不是有矛盾吗？其实忠人之事，根源仍在为人的根本态度是真诚无欺，所以和忠于己并无矛盾。原来忠信两种为人态度可以有两种提法，一是忠于己、信于人，二是忠于事、信于言，但两种提法在义理上还是相通的。因为事虽然有我之事、人之事的分别，但只要落实到做事，焦点便都集中到我的人品或为人态度是否认真笃实之上：只有认真的人才会认真做事。所以看一个人怎样做事，便能查证他是个怎样的人。当然，一般人可能会在为己谋时认真，为人谋时认真程度就会差一些。所以，若连为人谋都忠敬任事，其为人真诚笃实就更无可疑了！至于"信于言"和"信于人"的连带关系就更清楚了：当然是言出必行才能见信于人。总之，两种提法意思是一样的，只因语脉不同而用词有异罢了！

子曰：君子不重则不威，学则不固。主忠信，无友不如己者，过则勿惮改。(《学而》八章)

【意译】

孔子说：一个君子如果内在的人生态度有欠真诚庄重，那么表现在言行举止上也就会轻佻浮躁。以这样的人品去学我们

··· 105 ···

这套成人之学，是无法扎根落实的。所以，同学们要多跟人品诚笃的人来往，而不要和道不同的人交友。如果不小心犯了虚矫不诚的过失，要赶快悔改，不要怕不好意思。

【讨论】

1. 这一章粗看好像每一句的意思各自独立，连不起来。其实仔细咀嚼，便知他通篇都是在谈忠信的重要。忠信虽分内外两端，其一致的本质则无非真诚笃实庄重。君子所重是忠信之质，所学也是忠信之道，所交往也是忠信之人。若有过错，也无非是不忠不信之过。全章主旨其实是集中而一贯的。

2. 君子不重则不威，重是指内在存心，威是威仪，乃指外在行谊。所谓"诚于中，形于外"，内在存心当然是外在表现的根源。

3. 学则不固，是因孔门成人之学以实践为本，实践又以内在之诚为本。所以若用心不诚，外在的诗书礼文之学都因无本而不固。

4. 主忠信，一般都解为"以忠信为主"，但如此文脉便与上下不连贯了。其实在这里的"主"有特殊用法，就是"以某为主人"的意思（投宿于某人之家，己为客人，某人为主人）。《孟子》中便屡有此用法（如《万章下》八章："是时孔子当阨，主司城贞子。"）所以"主忠信"就是"常以忠信者为主人""常造访忠信之士"，也就是"常和忠信者相来往"的意思。

5. 无友不如己者，一般人会质疑：既然我不和比我差的人交友，则同理比我强的人也不要和我交友，那岂不是就无从交友了吗？而且这心态不也太功利了吗？原来，这里所谓不如己，不是指学识能力，而纯指为人存心，而存心只有真诚不真诚之别。无友不如己者，是先设定自己是真诚的（孔门之中，既学如何为人，便必以真诚忠信为本），因此应只和同道（也是忠信者）相交，而不必与不同道（不真诚者）相交，以免无益而有损。

子夏曰：贤贤易色，事父母能竭其力，事君能致其身，与朋友交，言而有信。虽曰未学，吾必谓之学矣。(《学而》七章)

【讨论】

本章已见于本书第三章，这里再列举出来，是为了印证孔门所学所行，无非忠信。"贤贤易色"是为人态度的改变与升级：从向外逐利（好色）为主转为向内开发真诚动力（贤贤）为主。"事父母能竭其力，事君能致其身"是忠于事，"与朋友交，言而有信"是信于言。以上是已能行忠信，于是下文"虽曰未学，吾必谓之学矣"。可见所学也无非忠信，所以才会如此论断。

子曰：君子食无求饱，居无求安，敏于事而慎于言，就有道而正焉，可谓好学也已。(《学而》十四章)

【意译】

孔子说：一个君子如果能做到饮食适可而止，居室能遮风避雨就行。而把精神从物质享受的层面转移到人文创发的层面，去认真做事，谨慎发言，多亲近有修养的人，去印证自己的所学，校正自己的偏差。这样就可以说是好学之士了。

【讨论】

这一章的主旨，仍然是"贤贤易色"，提升人生的格局。而格局提升后的人生内容，则仍无非是忠于事、信于言，而且就是在这两端不断求精进（就有道而正焉）。这也和《学而》六章的"弟子入则孝，出则弟，谨而信，泛爱众，而亲仁。行有余力，则以学文"的主旨完全一样。

子曰：十室之邑，必有忠信如丘者焉，不如丘之好学也。（《公冶长》二十八章）

【意译】

孔子说：哪怕只是一个小小的村落，其中都一定会有秉性真诚如我的人。但这么多天生纯良的人为什么不能一直维持他们的真诚呢？答案就是没有像我这样好学。

【讨论】

1.孔子在这里不是自夸好学，而是感慨世人不知以后天的好学来延续先天的善性。

2.前文一再肯定忠信是学道、学仁的具体教学内容，这一章却说忠信是人的天性，有没有矛盾呢？当然没有。因为成人之学，本来就不是从外部向内灌输的知识之学，而是直接从生命内部去启发然后向外推扩的生命之学。启发什么？当然就是人人生命中本具的创造动力。原来人虽先天本具此创造力与爱能（这时的忠信是名词），却须通过后天自觉不断开发、不断应用、不断省察、不断厘清校正的工夫历程才能维持延续（这时忠信是动词、副词）。否则，天光虽也会偶然流露，总不免旋起旋灭，或被后天的环境污染、习气制约。一般人就是因此变质异化为坏人的，所以孔子才要开创出这一支成人之学、仁学，来帮助人自我实现啊！

　　子张问行。子曰："言忠信，行笃敬，虽蛮貊之邦行矣。言不忠信，行不笃敬，虽州里行乎哉？立则见其参于前也，在舆则见其倚于衡也，夫然后行。"子张书诸绅。（《卫灵公》六章）

【意译】

　　子张问孔子做人做事要怎样才能行得通。孔子说："如果用心真诚，言行忠信，即使到了未开化的国度都一样行得通。如果用心不诚，言行不忠不信，那么就算在自己家乡，又怎会行得通？我们应该随时随地把真诚忠信放在心上，站着的时候，好像它就在眼前晃动；坐在马车上的时候，好像就看到它靠在车前的横木之上。就要这样念兹在兹，无时或忘，才能无论做什么事都行得通。"子张于是把老师说的这段话写在衣带上，好随时提醒自己。

【讨论】

　　1.子张问行，就像他问干禄（见本书第三章）一样，恐怕本意是问技术方法，但孔子照样都是用动机、原则来回答，在《论语》中，问以末，答以本；问以技，答以道，可说已是孔子的一贯方式了。

2.言忠信，行笃敬，好像忠信属言，笃敬属行，其实不然。不但是因为"忠于事（行），信于言"，忠、信分属行、言。也因"文行忠信"，不管是言（文）是行，内容无非忠信，所以不必说忠信只属言，而笃敬才属行。更因中文文法的特色，常因一字一音之故，容易构成对称句，而两句文义互相补足。所以"言忠信，行笃敬"实义是言也忠信笃敬，行也忠信笃敬。而忠信与笃敬则文义相类，互相补足。原来忠信比较偏于分说（忠于己、信于人或忠于事、信于言），笃敬则比较偏于总说，也可称为真诚、诚笃、诚敬，或直称诚。分说忠信，较偏于外在言行；总说真诚，较偏于内在存心。所以我们在意译时把内外两面都译出来。

░ 三、与忠信同义的忠恕、直谅

子曰:"参乎!吾道一以贯之。"曾子曰:"唯。"子出,门人问曰:"何谓也?"曾子曰:"夫子之道,忠恕而已矣!"(《里仁》十五章)

【意译】

有一天孔子在和众弟子相处时,故意对着曾参说:"参哪!我的言行虽然因时因地各有不同,但贯穿在所有言行之中的根本精神其实是唯一的。"曾子回答说:"是呀!"一会儿孔子离开了,弟子们心中早就疑惑不解,于是赶紧问曾子:"老师说根本精神唯一,是什么意思呀?"曾子说:"这根本唯一的精神的确只能体会,难以言诠,我也没办法告诉你们。我还是只能顺着老师的言行来指点:其实老师日常生活的所言所行,无非就是诚实地面对自己,无私地对待他人这两条工夫途径罢了!你们若也能循着这两条路去走到底,自然就能体会那根本唯一的精神是什么了!"

【讨论】

1.孔子常言忠信，曾子在此却变言忠恕（《论语》中称忠恕者的确只此一处），其实意思是相通的，依然是忠于己、恕于人，只是不宜说忠于事、恕于言罢了！即因信重在以言去和他人沟通，恕则重在以自我为核心去推己及人，所以朱子解忠恕为"尽己"与"推己"。这种提法更可将焦点放在一己的存心这个根源上，所以也更方便指点那根本唯一的精神或原理。若这原理是仁，则通过仁心的自觉去充分地自我肯定（尽己）与由衷地帮助他人也充分自我肯定（推己），便是仁心表现出来的两项主要功能。所以我们也可以反过来从一个人能否充分地自我肯定、由衷地推己及人，去反证他的仁心是否自觉地存在。

2.在此，"道"便有了两重含义。其一是指仁心发用表现出来的尽己、推己的言行，也就是"吾道一以贯之"的"道"与"夫子之道，忠恕而已矣"的"道"。只是孔子自述的"吾道"之"道"，偏指言行，曾子说"夫子之道"的"道"，则是为老师点明其言行的性质乃是尽己的忠、推己的恕，所以也可以特称为"忠恕之道"。其二是指"一以贯之"的"一"，也就是道德言行（忠恕）的根本精神或原理，这可以称为"仁"，也可以就称为"道"。这当然是就体上说的道，至于忠恕之道，则是就用上说的道。而体不可见，只能即用以见体，即忠恕的言行以见那一以贯之的道。所以孔子明明说其道是一，曾子何以回答弟子们的疑问却说成二（忠、恕）？就因本体、原理的道不可说，曾子只能即用（忠恕之道）去指点之故。当然，这体、用的概念在孔子之时还没有，但意思其实已含在其中了。

3."道"除了可分为体、用两层，又可以分为"本体"和"工夫"两层。前者是就仁心自觉（体），自然表现为忠恕的言行（用），而立言，孔子自述"吾道一以贯之"就是如此。后者则是就人心未能自觉地发为忠恕之行（所以不能称为"仁心"而只能称为"人心"），遂有必要通过种种工夫修养去恢复人心的明觉亦即复位为仁心。而工夫进路也可以分忠恕两路，这时的忠恕就不是承体起用义，而是通过工夫以证本体义。于是曾子对弟子们说"夫子之道，忠恕而已矣"的时候，其忠恕便可以兼含上述两义：当他为同学们解说夫子之道的时候，是发用义（即用见体）。当他指点同学要如何才能体验那根本精神之道的时候，是工夫义（借工夫以证本体）。也许，曾子的回答是更偏重这一义吧？因为这样才真能解诸弟子之惑呀！所以我们的意译，才把忠译为"真诚地面对自己"，把恕译为"无私地对待他人"。即因为人未能真诚（不忠），待人未能无私（不恕），才无法即忠恕以见道，才会对孔子说"吾道一以贯之"听不懂。所以就必须期勉自己要更真诚、更无私才行。这时的真诚（忠）、无私（恕）便不是名词或形容词，而是动词（不断地诚而又诚，无私又无私）性质的工夫修养义了！

4.这一章义理闳深，使得自曾子提出忠恕这一对工夫概念之后，后世儒者论忠恕的竟然更多于论忠信呢！也就是说，在后世的儒学发展中，忠恕几乎取代了忠信的地位。

子贡问曰："有一言而可以终身行之者乎？"子曰："其恕乎！己所不欲，勿施于人。"（《卫灵公》二十四章）

【意译】

子贡问孔子说："有没有哪一个字是人格修养中最扼要的字，值得我们一辈子去奉行的呢？"孔子说："如果一定要举出这么一个字，大概就是恕字罢！恕的精神就在于我们不乐意别人对我们做的事，我们也不要对别人做。"

【讨论】

1. 从子贡的问话里推敲，似乎他是在询问什么是永恒不变的真理（才值得永远奉行，因为永远有效）。但真正的真理（道）是不可说的，勉强要说，只能就最接近道的工夫纲领去指点。这也就是前一章孔子说一，曾子回答同学时却得分说为忠恕两端的缘故。所以孔子在此也用了一个不确定的语气词——"其"，来表示只是姑且说，其实是不能说的意思。换言之就是所言仅供参考，并非标准答案。

2. 但就工夫来指点，曾子说的是忠恕两端，孔子为什么只提恕一端呢？这首先当然是因为子贡的要求是只举一个字。但在忠恕中选其一，孔子又为什么选恕而不选忠呢？原来忠、恕两者的关系，可以有两重说法：一是以忠为本再推到恕，这是行道在理论上的先后关系（先己立再立人），《学而》首章就是如此。若据此而言，有先才有后，是可以提忠为首要字的。但忠恕关系还可以有另一个提法，就是以恕蕴含忠，这是道付诸实践的始终关系（从一己的人格独立充分发展到人我相融为一体）。若据此而言，终才可以包含始，始却不能包含终，则可以提恕为圆满字。那么孔子为什么选实践的提法而不选理论的提法呢？除了孔门之学本来重实践之外，恐怕也因子贡的性情长于知而拙于行，所以才用重实践的提法去提醒子贡吧！

3. 己所不欲，勿施于人，正是恕道的表现。但所谓不欲者是不欲什么呢？却不能胡乱就个人的性情偏好来说，因为这没有普遍性。（我不爱吃臭豆腐，所以也不给别人吃，但说不定别人刚好爱吃呢？所以这是不通的。）原来在这里所谓欲，必须是指向"欲仁"（我欲仁斯仁至矣）、"欲立"（己欲立而立人）等心灵自觉、人格独立、推己及人之事，因为这才有基于人性的普遍性。原来所谓恕，所谓推己及人，正是因自己尝到了人格独立、自由充实的可悦滋味（学而时习之，不亦说乎），才乐意去帮助别人也获致人格独立之喜悦的，如此我才有分享共鸣之乐呀（有朋自远方来，不亦乐乎）！因此，反过来说，我不愿他人不尊重我的独立人格，不愿他人瞧不起我、侮辱我、糟蹋我、欺负我，所以我也不要对他人做如此有违人性与良心的事。这才是己所不欲，勿施于人的正义所在。

孔子曰：益者三友，损者三友。友直，友谅，友多闻，益矣。友便辟，友善柔，友便佞，损矣。（《季氏》四章）

【意译】

孔子说：对我们德行修养有帮助的朋友有三种，有妨害的朋友也有三种。若朋友的为人是对自己诚实，对他人信任，或者学识广博，那才对我们有益。若朋友的为人有虚矫习气而不真诚，对人善于谄媚取悦而非真信任，于言谈爱说空话而非真有见识，那样的朋友只会妨害我们的进德修业罢了！

【讨论】

1. 所谓直、谅，其实就是忠、信，仍是直于己，谅于人（谅的意思就是信）。若要分辨其中的小差别，则直比起忠是更直指人心内在的真诚（忠则还有按内心的诚意去做的周折，所以才有"忠于事"的提法），谅比起信则是在信任之余更多了一点儿同情的理解（谅解）。换言之，直比忠更透到根源的本心，谅则比信更透进他人的生命内部。

2. "友直、友谅、友多闻"和《学而》四章曾子说的"为人谋而不忠乎？与朋友交而不信乎？传不习乎？"在句型上简直是一模一样，都是先列行的忠／直、信／谅，再列文的传习／多闻。可见孔子所教，的确无非是文、行、忠、信。

3. "便"是"习惯于"的意思，"便辟（僻）"即"习于邪僻"，可引申为"养成邪僻的习气"。同理，"便佞"也是"养成巧言无根的习气"。

4. "善柔"的"善"，其实也是习惯于的意思，柔是柔顺，也就是屈己从人，但这是指因怕得罪人而委屈自己，讨好别人，和因谅解而来的舍己从人不同。

5. 比较益者三友和损者三友，可发现三者是一一对应却一真一假：便辟是邪而不直、假而不真，善柔是谅的假象（假信任），便佞是多闻的假象（假多闻）。总之是真诚才有益，虚伪则有害。

四、工夫的要诀——改过

　　哀公问：“弟子孰为好学？”孔子对曰：“有颜回者好学，不迁怒，不贰过，不幸短命死矣！今也则亡，未闻好学者也。”（《雍也》三章）

【讨论】

　　1.这一章已见本书第三章：论学。在这里重引，是要补充说明有关“不贰过”的义理。

　　2.改过可以说是《论语》论及工夫修养的核心要义。我们前文已提到若在忠信上有失，“过则勿惮改”；曾子说“吾日三省吾身”，所省察的也是在文行忠信上是否有过。可见所谓改过，和存心的真诚、言行的忠信密切相关。不过若深入探讨，过其实可分两类，其一是无知之过，其二才是道德之过。所谓无知之过，主要还不是指因缺乏知识而犯错（例如因缺乏用电知识导致电器烧坏乃至引发火灾），更是指现实世间不断变动（所谓无常），使我们单凭既有知识或行为模式常会因应变不及而犯错。因此就算是既有知识与行为模式，也须不断更新调整。但更新调整的动力，仍在心灵的明觉，常葆对环境变动（尤其是人际关系的变动）的敏感，才能及时因应，不抱残守缺，一意孤行。但及时因应的时点，也就是触动敏感心灵的时点，仍然是第一度的犯错。正是犯错的经验，才让我们警觉到时局已经变了，因应之方也必须改变。因此，这启动应变的第一度犯过，无关用心之真诚与否，而只能算是无知之过。但如果心灵不真诚明觉，懵然不知其过与时局之变，依然盲目照既有模式去反应，就会二过、三过，这时的过就不是仅属无知，而更是当改可改却未改的心灵昏昧之过，这就称为"道德之过"。换言之，道德之过才是与存心的真诚、言行的忠信相关的过，无知之过则不但无关忠信，反而可以是启动我们以真诚之心去及早应变的契机。所以对无知之过我们不必感到羞耻，反而应该趁此时机，记取教训，以促进我们处事的能力（忠）、处人的智慧（信），以及生命的成长。至于道德之过，全因自己心灵的昏昧沉惰，那才是该感到惭愧的。

3. 于是最真诚、最有智慧的人（如颜回），就是不贰过；也就是顶多只犯无知之过，不犯道德之过。在此"不贰过"固然可以解为"不再次犯同样的过"，其实也蕴含有"不会对不起所曾犯的过"的意思。原来"贰"也有背叛、离贰之意，如"怀有贰心"（心怀背叛离弃之意）。所以"不贰过"也可以是：每一犯过（无知之过），都会认真反省，记取教训，好借着这次犯过的机缘，促进自己的成长；这样才没有糟蹋这次犯过的机会，才算是对得起这次犯过的教训。

子曰：过而不改，是谓过矣！（《卫灵公》三十章）

【意译】

孔子说：犯了无知之过，并不可耻。但犯过之后却不能真诚面对，去修正自己的言行模式，那就真是可羞耻的道德之过了！

【讨论】

这一章的两个"过"字，很明显是分属不同层次。根据前一章的分析，"过而不改"的"过"，应属无知之过；"是谓过矣"的"过"，则属道德之过。孔子所重在于后者，所以轻谅前者，而强调道德之过才是真过。

子贡曰：君子之过也，如日月之食焉。过也，人皆见之；更也，人皆仰之。（《子张》二十一章）

【意译】

子贡说：君子为人，真诚坦荡。所以当他犯了过，也不会刻意遮掩，就像日食月食，人人都看得见。但等他改了过，也像日食月食的复圆一样，所有人都依然仰望。

【讨论】

1.君子犯了过，为什么能够坦然无愧？除了存心真诚，也因他犯的只是无知之过，本来就可以坦然承认，不必觉得羞耻的。而如果遮掩，反而会变成道德之过呢！

2. 君子改过之后所以会人皆仰之，不正是因君子借此展现了人格的忠信，所以更博得他人的敬仰吗？

3. 那么如果人不幸而贰过了，该怎么办呢？那就得更真诚地面对自己，更无私地对待他人，才能拿出足够的勇气，承认自己所犯的道德之过，这样他的羞耻惭愧才能获得洗雪（忠于己），也才能重新获得他人的敬重（恕于人）。所以曾子才指点诸弟子说："夫子之道，忠恕而已矣！"这时，这句话也不妨意译为："老师教导我们的修养之方，也无非是一旦犯了道德之过，就要真诚悔改，以挽回他人对我们的信任。"当然，如果不止二过，而是习气累积更为深重，那时的改过之道，固然就要加进更多的改过技术与他人的协助（如瘾君子得进入勒戒所），但仍须当事人自己拿出更真诚的决心、更大的勇气，来作为根源的动力才可能成功。总之，"以真诚忠信改不诚不忠不信之过"仍是孔门工夫修养的无上法门。

子夏曰：小人之过也必文。（《子张》八章）

【意译】

子夏说：小人犯了过，总忍不住会去百般遮掩。

【讨论】

1. 小人犯过为什么会遮掩？根本原因就在于他真心不觉，用心不诚。其次就是他的遮掩已成为习惯性的模式反应。于是不但是犯了道德之过会因心中羞惭，不敢面对而选择遮掩；就算是犯了无知之过，也会因模式反应之故而把原本可以坦荡无愧的无知之过变成可耻的道德之过了！而两者相乘，人的道德羞耻感就会愈深、愈需要遮掩，而造成遮掩的习气愈强；却因此使道德之过难改而不断重犯，而使人内心的羞耻越深，越只好继续遮掩……如此恶性循环，就是人陷溺于小人而不可自拔的原因所在。

2. 那么该怎么办呢？关键仍在于人要真心猛省，拿出更大的决心勇气去改过，去恢复他的真诚忠信。虽然日久根深的习气不是一朝一夕能完全清除，但持续地秉其真诚自信，仍是使固结的习气能渐渐化除的根源动力所在。

子曰：已矣乎！吾未见能见其过，而内自讼者也。（《公冶长》二十七章）

【意译】

孔子感慨地说：算了吧！我这样认真教导学生又有什么用呢？事实上能够真诚地看见自己所犯的过，而且认真去反省改过的人，我一个也没有看见过啊！

【讨论】

1. 孔子这话当然是感慨之言，借此夸张的话去刺激一下学生罢了！不表示孔子真的对人性失望灰心。但孔子为什么要这么夸张呢？却也暗示出这种道德之过，既源于真心不觉、用心不诚、言行不忠不信，则改过之道，也全在当事人自己要选择真诚面对还是逃避遮掩。不像无知之过，他人还可以凭专业资格有所教导，对客观知识当事人也比较乐于接受。遇到这种道德之过，牵涉到人的自尊心、羞耻感，若人深闭固拒，他人真的是无能为力的。孔子的感慨，固然表示了他的无力感，其实也同时彰显人性的自主与尊严，对人心的自觉，反而是一种勉励呢！

2.对忠信与改过之道，本章就到此告一段落。至于这忠信的生命本质要怎样落实于日常生活去开发、保养、维持，且待下一章再予析论。

陆 论孝与友——忠信的落实培养场域

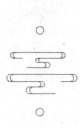

本书上一章论忠信，可说已点出儒学的核心与工夫的要旨，就是要开发出人心创造的动力根源，正如孟子所谓"学问之道无他，求其放心而已矣"。这动力统言之曰诚（《中庸》专提此字），《论语》则多分说之为忠信。但这根源动力落实下来要如何去开发呢？在上一章只总提工夫原则若有不忠不信之过，就要真诚、立即去改；但这不忠不信之过在生活上是怎样发生的呢，却还要更进一步去探讨。

原来，本书一再提到"落实于生活"是因这成人之学本来以实践为本，当然不能离开生活去专研抽象的概念理论，而必须就在生活中面对变动不居的世界，当下做出恰当的（也就是道德的）回应。而所谓变动不居，令我们必须不断面对以调整回应模式的世界，其实不是指自然世界而是人文世界，尤其是人际关系。乃因真实的人与人相处，才有心与心的自由互动，而需要秉真心去做当下独一无二的善处。从此退一步，便是纳入体制运作的角色扮演，这时便有法可循，有模式可套，而不必非靠真心之诚、动力之贯注去善处不可了！从人文世界再退一步，到了自然世界，则人更是只居于旁观的地位，而所观察的大自然，更是全由上帝的法则（自然律）安排而人无从置喙的。总之，儒学之实践、忠信动力之开发、己立立人理想之实现，基本上是在当下的人际关系中去进行的。

而在各类型的人际关系中（如所谓五伦：父子、君臣、朋友、兄弟、夫妇），有地位更重要足以作为主导的人际关系（可特称为"主导伦理"），则尤须先予讲明。那么在《论语》中，被视为主导伦理的是什么呢？就是孝道和友道。[1]

孝道作为主导伦理，其意义与功能何在呢？就在于要借着父子之相处（所谓"事亲"），诱发乃至逼发出人心中的爱，以作为爱一切人的根源动力。原来，虽说"仁者爱人"，但人总得先有"爱"（爱之能），才能去"爱人"。于是在爱人之前，先培养爱人的能力、开发出爱人的能量，就成为当务之急了。换言之，若爱是一切人际关系的本质（有爱，人际关系才成立；否则就是虚假的人际关系），则在进行所有人际关系的互动之前，应有一专职去开发出爱能的主导伦理，就非常必要了！而在《论语》，父子伦、孝道，就被赋予如此的地位与责

1　以哪一伦为主导伦理，并非必然，而视时代发展、文化性格而定。如中国文化传统，大体以父子伦（孝道）为主导，西方文化则以君臣伦（体制运作、角色扮演、民主法治）为主导。而在中国文化的发展中，主导伦理也曾因时代而转换。如西周以君道为主（文、武、周、召），孔子之后以孝道为主（汉尤为高峰），宋明时友道彰显（宋明儒之自由讲学）等。请参阅拙著《人文精神之落实与主导伦理之重建》一文，收于拙著《儒家传统与现代生活》（中国台北：商务印书馆，2003 年初版）。

任。乃因通过自然的血缘亲情，这原始的爱能是最容易引发出来的。

自孔子提出孝，孟子承之，更建立了一个孝道的典范人物，就是舜。到了汉代，孝道更普遍推行，成为一种富有宗教意味的伦理。我们甚至说孝道在中国已具有宗教般的地位亦无不可。[1]

至于友道，其意义与功能则在于秉持从孝道而来的原始爱能，贯注于人我关系中，去作为提升彼此人格境界的动力。换言之，爱人不是谋生层次的照顾而已（爱之以姑息），更重要的是帮助彼此都成为人格独立的君子（爱人以德）。而《论语》中的友道，很显然是指向这样的理想方向。

如果爱能的启发是道德生活的开始，那么爱能的自我锻炼，以获致充实饱满、富于意义的人生，便是道德生活的圆成。而一始一终，遂贯串起真实的生命历程，而诚与忠信也就随时闪耀在这历程中的每一个刹那。

本章，即试以"孝弟也者，其为仁之本与"和"君子以文会友，以友辅仁"两章为主导，进行相关义理的讨论。

1　关于孝道在中国文化传统中的发展请参阅拙著《论孝道之宗教性质及其陷落》一文，收于拙著《良心教与人文教》（中国台北：商务印书馆，2003 年初版）。

▓▓ 一、孝是爱之行程的开端

有子曰：其为人也孝弟，而好犯上者鲜矣。不好犯上，而好作乱者，未之有也。君子务本，本立而道生。孝弟也者，其为仁之本与？（《学而》二章）

【意译】

有子说：如果一个人平常在家就是孝敬父母，友爱兄弟的话，那么他到了社会上做事，是不太可能会恣意无礼地违背职场伦理的。如果说一个人恪守社会伦理，却竟然会喜欢造反作乱，那简直是不可能的事。所以君子修养自己，要从开发动力根源这最基础的地方做起。当动力充沛了，基础稳固了，下面的步骤就自然顺理成章地展开了！而所谓孝弟，应该就是仁者爱人之道的起点吧！

【讨论】

1. 有子一开始就列举了孝弟、不好犯上、不好作乱三项有关为人之道的本末层递关系。所谓层递关系就是在发生历程上有一才有二，有二才有三，三者并非散列，也不就是因果关系。因为真正的因是超越三者也贯串三者的爱、真诚、忠信。只是爱人行为或爱能的贯注，落到现实上总有其由近而远、循序渐进的历程，这种积渐的历程就称为层递关系。

2. 正因为这种积渐发展的历程有其义理上的必然，所以有子才由这些事例归纳出"君子务本，本立而道生"的道理。而且这里所说的本或本末关系，明显不是道为物本、理为事本、爱为人际关系之本那种形上学或存有论所说的本或本末关系（如说"道"是万物存有的最后根据），而只是实践历程上的先后关系。所以，后文说"孝弟也者，其为仁之本与"就不是"孝弟是仁的存有根源"的意思，而只是"孝敬父母、友爱兄弟是行仁之始"的意思。因为"仁"已经是一切道德行为之本（价值根源）了，怎么可以又说孝弟是仁之本呢？那在哲学理论上是犯规的。所以"孝弟也者，其为仁之本与"只能解为"孝弟是行仁之始"。换言之这句中的"为仁"，并非"是仁"之意，而是"行仁"之意。

3. 不过，虽说孝弟是仁者爱人历程的第一步，但这第一步的内涵，和之后的第二、第三步是一样的吗？（爱父母和爱君上、爱人民是一样的吗？）却又不然。在此，爱父母的孝道实具有特殊的功能与地位。就是它并非爱能的推扩应用，而是爱能的启动开发。换言之，这第一步含义的本，确是和价值根源意的本有密切的相关（通过这第一步的孝敬父母，去把自身的爱能引发出来）。于是"本立而道生"的本，就兼具有本的两种含义了！孝弟既是行仁的第一步，但仁爱之本的确也就是在这第一步立起来（开发、确立起来）的。所以我们在意译本章的时候，把"君子务本，本立而道生"的"本"译为"基础"，就是想兼顾二义的意思。至于"孝弟也者，其为仁之本与"的"本"，就只有开始的意思，所以我们就译为"起点"。

4. 但虽然兼顾二义，"君子务本"的"本"，依然不能直解为"价值根源"；"务本"也不能解为"追求价值根源"，而只能解为"认真去孝敬父母（好把仁爱的价值根源开发出来）"。

5. 这一章可说是孝道的开宗明义，以下所有论孝的章句，都应以这一章为纲领。

▓ 二、孝亲之道的讨论

　　子游问孝。子曰："今之孝者，是谓能养；至于犬马，皆能有养。不敬，何以别乎！"（《为政》七章）

【意译】

　　子游问孔子行孝之道。孔子说："现在一般谈到孝道，都是标榜能让父母衣食无缺。其实你家里养的牲畜，也都能达到这个标准哪！如果对待父母缺少了一点敬意，那和养狗养马又有什么差别呢？"

【讨论】

　　1.孔子点出敬这一点孝道的本质，立刻将亲子关系由谋生领域（互相依靠、交换抚养）提升到道德领域。换言之，要在道德领域才能称为孝道，孝道的内涵不只是养亲，更要有敬亲才算。

　　2.所谓敬，有诚敬义与尊敬义两面。诚敬发自内心，即是根源动力的启动，尊敬及于父母，即是根源动力的发用。这很明显地已从亲子间的血气感情提升为道德自觉的仁爱了。

孟懿子问孝。子曰："无违。"樊迟御，子告之曰："孟孙问孝于我，我对曰：'无违。'"樊迟曰："何谓也？"子曰："生，事之以礼。死，葬之以礼，祭之以礼。"（《为政》五章）

【意译】

孟懿子向孔子请教孝亲之道。孔子说："凡事都要做到顺而不逆。"后来孔子趁着樊迟替他驾车的机会告诉樊迟说："刚才孟大夫问我该如何事亲，我回答他说：'凡事都要做到顺而不逆。'"樊迟说："这是什么意思呀？"孔子说："就是父母在世的时候，固然要用真诚的心、恰当的言行去对待他们。即使父母不在世了，不论是行丧礼、祭礼，这诚敬之心也当维持不改。这样才是始终都顺道而无所违逆啊！"

【讨论】

1. 顺着前一章点出敬的思理，这一章更进一步引申出与敬的真诚尊敬有关的其他义理，就是无违。但无违什么呢？（或：要依循什么呢？）总的来说就是顺道或不违反道。落实于言行来说就是合于礼或不违背礼。但所谓"无违礼"又是什么意思呢？当然不是指符合社会规定的种种仪节，而是指不违背内心的真诚，然后秉此诚心去发为恰当的言行，而如此的言行也才能充分传达内心的真诚与爱。至于社会规定的种种仪节，只是供人参考、借用的罢了！总之，一定要结合"内在的真诚"与"外在的恰当言行"，才是真的"有礼"。否则空有照仪节而行的表相而内无真诚，反而是无礼或虚文呢！所以我们在意译"礼"这个字的时候，才要把礼之所以为礼的真诚之心也翻译出来。

2. 至于"生，事之以礼"的"礼"，和"死，葬之以礼，祭之以礼"的"礼"，含义又略有轻重的不同。前者因为是就父母在世的相处而言，所以更偏重"言行恰当"义；后者因为是就父母已逝的情况而言，所以更偏重"礼仪"义。但不管是侧重何义，其一贯的内在本质：真诚是不变的。而且，礼有损益变革，真诚的心则永远不变。所以，我们在译文中才也强调此义，以凸显行孝的意义，正在借事亲的言行，启发出心中永恒的爱；也正因启发出这永恒的真爱，才使事亲成其为道德之行的微意。

3. 一般来说，孔、孟论孝，都只说孝而不说孝顺。"孝顺父母"是后代的说法。但孔、孟只是没有将孝、顺连成一个词而已，却并非没有谈到顺，只是提到顺（从）的时候，指的是顺（从）道而非顺父母之命。这一章提到"无违"，也就是顺的别称。所以译文才将"无违"翻为"顺而无逆"。至于后世渐渐泯失此义而视孝顺为顺父母之命，终使孝道变质为愚孝，是为孝道的陷落。

孟武伯问孝。子曰："父母唯其疾之忧。"（《为政》六章）

【意译】

孟武伯向孔子请教孝亲之道。孔子说："当儿女年幼，父母最担忧的时刻，就是孩子生病之时。所以反过来，当父母渐渐年老，我们也该随时留意父母的身体健康。"

【讨论】

1. 前两章点出孝道的本质在内在的礼敬之心，这一章则触及孝道必须面对的另一个侧面，就是所敬爱的父母，除了具有异于禽兽的人性尊严（这称为"无限性"，也正是礼敬之心所对应的部分）之外，同时也和其他生物一样，具有一副会老会病会死的形躯（这称为"有限性"），这于是造成孝子心中的存在忧惧。如何善处这忧惧的心情，遂也构成人生修养的一大课题。换言之，无限性的开发（心灵自觉、爱能涌现、己立立人）与有限性的安顿（善处形躯、放下忧惧、安身立命），可说是儒学、成人之学的两大课题。而这两大课题都是通过事亲而引动：前者是借敬父母之心而启动我们对开发爱能的修养，后者是借忧父母之身而逼出我们对生命无常的省察。

2. 而这一点对生命有限之忧，孔子是通过"将心比心"式的经验回馈来提出：父母当年对我生病时之忧，正启发我长大后对父母日渐衰老的生命之忧。本句"父母唯其疾之忧"，在文法上是强调受词而将受词提前的句型。其原形是"父母唯忧其疾"，为配合将"其疾"提前而在动词"忧"之前加一个"之"字以表达强调之意。也可以用"是""实"。如"唯君是问""唯君马首是瞻"等，都是同样的句型。

子曰：父母之年，不可不知也。一则以喜，一则以惧。

（《里仁》二十一章）

【意译】

孔子说：父母的年纪，做儿女的不可以浑不在意啊！一方面当然会为父母得享高寿而高兴，但另一方面却也不免为父母日渐衰老而担心。

【讨论】

这一章承上章之意，更清楚地传达出对有限而无常的形躯生命的矛盾心情。而不管是侥幸之喜还是无能之惧，都表示这是人生中一个无可逃避、必须解决的严重课题。

子夏问孝。子曰："色难。有事弟子服其劳，有酒食先生馔，曾是以为孝乎！"（《为政》八章）

【意译】

子夏向孔子请教孝亲之道。孔子说："最难能也因此最需要认真做到的，是在事亲的时候，无论发生什么不顺的情况，都要保持和颜悦色。否则，只是在日常生活中，父兄有什么事要办理，身为子弟的就代劳去做；或者经常准备好酒食菜肴去奉养长辈，难道这就算得上是孝亲了吗？"

【讨论】

1. 这一章的焦点当然就在"色难"两个字上面。在这里点出了"有限而无常的形躯生命"在存活"病、老、死"之外的另一个面相，就是情绪。的确，人的情绪常常会透露出他生命的存在状况。这又分两层：其一是关联到人的有限层面，就是当人身心情况不好时（身体不舒服、做事不顺、所愿不遂……），情绪就不好，言行也就会失控而无理，待人当然也就难免会无礼乃至横暴。其二是关联到人的无限层面，就是即使遇到种种不顺，心不但能不被情绪牵着走而对外界粗暴无礼或以牙还牙，更能转祸为福，把不顺的局面扭转而依然维持人我的和谐。这一种工夫就称为"身心安顿"。但这工夫要怎样修炼呢？仍是借着事亲来获致。

2. 在此，"色难"可有两解。一是指父母长辈的情绪、脸色，当他阴晴不定、喜怒无常时，子弟要善于感应掌握，以免无知冒犯，而这是不容易的。当然这就是偏指情绪的有限层面。二是指不管父母情绪如何，讲不讲理，子弟都要能心平气和，以化解父母的暴戾之气，而这是很难的。

3. 对一般人待我以无理又无礼的粗暴横逆，我们可以跟他论理争辩，甚至冲突，或者拂袖而去。但面对父母至亲，我们却无法置之不理，也难以争辩，更不能冲突，遂只剩一条路可走，就是勉力提升自己到更高的层次（道），去包容、化解这不和。但这真的不容易，而真正的难处就是这存在的有限，人真能轻易跨越吗？这于是点出了孝道最本质的艰难：若真的无能化解父母的暴戾（因父母毕竟也是有限的凡人），儿女该怎么办呢？委屈忍耐吗？还是有别的路可走？

子曰：事父母几谏，见志不从，又敬不违，劳而不怨。（《里仁》十八章）

【意译】

孔子说：当父母有过，子女要先放在心里，等遇到恰当时机，才去规劝，而且也只能点到为止，不要强劝，以免伤了亲子之情。如果自己的意见不被父母接纳，依然能维持对父母的一贯敬意，不放弃孝亲之心。虽然心中仍不免为父母担忧，但一点儿也不会觉得委屈不平。

【讨论】

1. 前一章论色难，是先做到面对无理，能不被牵动。这一章所论，则是在这心平气和的基础上，如何进一步去化不合理为合理。在此，当父母有过，是应该规劝的，但怎样做到有效的规劝呢？言行的分寸在哪里？这就是对子女的考验了！

2. 规劝本来是朋友之道，在朋友间进行也比较简单明确，就是以道义为彼此共许的标准，去互勉于进德修业，规过劝善。至于若道不同，则不相为谋，断交就是了。但亲子关系以情为主，道义为辅，于是道义规劝就只能在不伤亲情的前提下进行。所以只能"几谏"（"几"在此有二义：时机义与几微义。我们在翻译时都放进去了）而不求急效。在此尤其考验子女在规劝无效时能否维持原先的心平气和，以待下一次机会，正所谓"色难"也。

子曰：父在观其志，父没观其行，三年无改于父之道，可谓孝矣。（《学而》十一章）

【意译】

孔子说：在父亲当家的时候，儿子还没担负起持家的责任，这时观察他是不是好儿子的重点，在他的心志是否纯净高尚。到父亲不在了，儿子接下父亲当家的担子，这时观察他的重点就转到他如何持家上面。例如：他持家若能在三年内都先遵循父亲留下的规矩，不随便改动，这便可以算是个孝子了！

【讨论】

1. 这一章其实也触及"如何面对现实的有限"这个道德实践上必须面对的课题。只是所谓现实上的有限，从形躯存活的有限（会病、老、死）、形躯运作能力的有限（当心有余力不足遂产生情绪问题），更推展到现实体制的有限罢了！道德心灵的自觉、创造动力的开发、爱心的推扩，是人内在无限性的表现，也是人性尊严的所寄。但当这内在无限性发用而碰触到外在的种种限制的时候（对内在核心的心灵而言，连形躯也算外在），无限性能否超越有限性的限制以自我实现，就成为道德实践最严重艰难的考验了！单纯的心灵自觉说容易固然容易（我欲仁斯仁至矣），说难也很难（心不肯自觉，谁也拿它没办法），但总用不上"严重艰难"这形容词。就因它纯是心灵无限性的自家事（只和意志自由相关），但涉及外部种种限制的道德实践就不是这么简单了！

2. 心灵秉其内在的自觉与自信，在面对外在限制时，最重要的第一步就是"尊重有限的客观事实与形势"，去因势利导而非执意否定。所以面对形躯存在的有限，要放下执着，"守易俟命"（依常道做我该做能做的，然后静待死亡那一天的来临）。面对亲人（乃至其他人）闹脾气不讲理的时候，要"色难""几谏"，不强求。至于面对父亲交下来的治家棒子，则更要尊重客观体制运作的惯性与稳定需求。即使父亲所主是千疮百孔的"窳政"，子女上任了，也不能立刻大刀阔斧，大肆改革。这样反而会导致秩序大乱。（例如革命总留下太多的后遗症。）所谓"三年无改于父之道"，乃是主张改革要渐进的意思。

3."父之道"的"道"是方式、形态、作风的意思。"父之道"是指父亲的施政风格与模式。此章语境，实指父为诸侯（国之君）、大夫（家之主），父死子继任的问题。为适应现代社会，我们在意译时只笼统说成"当家"。

子曰：禹，吾无间然矣！菲饮食，而致孝乎鬼神；恶衣服，而致美乎黻冕；卑宫室，而尽力乎沟洫。禹，吾无间然矣！（《泰伯》二十一章）

【意译】

孔子说：对禹，我是没有任何不满的批评了！因为他完全实践了己立立人的仁道，发挥了舍己为群的精神。例如他自己吃的食物很菲薄，但祭祀鬼神时的贡品却很丰厚；他自己穿的衣服很粗陋，但行礼时的礼服却很精美；他自己住的房子很矮小，但为人民经营农田水利等公共设施时却倾其全力。像禹这样的人，我真的是无法再有什么批评了！

【讨论】

1.这一章主要的讨论点当然就在这一个"孝"字。一般行孝的对象都是父母,这里却延伸到鬼神,在义理上该如何解释呢?这就要回到论孝的初衷是为了要借着事亲而启发出人道德创造的根源动力(这根源动力即可直称为爱)。于是这动力的来源便可说是父母,或更往上推到列祖列宗以至于天地鬼神,遂直以父母象征天地了(所以上帝也可称为天父)。这正是孝道可以有宗教化一面发展的原因所在。

2.其实,依孔子所开创的儒学精神,爱或道德创造的动力根源其实就在每个人自己的仁心,所以对传统的宗教,孔子已完成其人文化的转换了(请参考本书第一章),那孝道为什么仍要往宗教一面发展呢?就因为仅强调本心的自由无限,仅能肯定这动力之源,却还不能涉及这无限的仁心动力。当遇到存在的限制,而感受到道德实践的沉重艰难时,此心要如何安顿。因此需要更发展出一种既自由自信,却也同时在面对道德责任的无穷无尽之时,能够将这负担还诸天地的宗教情怀(超越情怀、宇宙情怀),来做一原则上的安顿。儒家的生命之学、道德实践之学,正是借此一特殊的形态而获得圆满的发展。于是即自由即道德、即有限即无限、即忧即乐,遂成为儒家型宗教(良心教、人文教)的特色,也是儒家型的超越有限以成无限的工夫修养的特色。

3.孝道宗教化要到汉代才发展到高峰(虽然也有过度发展之弊),在《论语》只是一点萌芽。但已很明显将政治责任的担负(尽力乎沟洫)也纳入了!也正可以和前一章"三年无改于父之道"有一呼应。

曾子曰：慎终追远，民德归厚矣。(《学而》九章）

【意译】

曾子说：诚敬慎重地处理父母的丧事，并且将思念父母的心情，更往前追溯到列祖列宗，以至于苍茫的宇宙根源。在这样的宗教生活熏陶下，人民的生命感情自然会更趋于真诚笃厚。

【讨论】

1. 从前面提到的事亲之道"生，事之以礼，死，葬之以礼，祭之以礼"，到禹的"致孝乎鬼神"，到本章的"慎终追远"，孝道的宗教化或具有宗教功能是很明显的。

2. 但所谓"宗教功能"是指什么呢？撇开祈福、求助、求安慰等枝节不谈，曾子则点出了最核心的功能，就是启发人民内心深处真诚的宇宙情怀，也就是根源性的爱能。原来亲子关系所以成为主导伦理，有子所以说孝弟是行仁之始，不正因可以借此开发出人心的爱能吗？不只有自觉的爱人之心，更有丰沛爱能的人品，就称为"厚"，也就是真诚笃实的意思。

三、负责将原始的爱能予以道德化的友道

曾子曰：君子以文会友，以友辅仁。（《颜渊》二十四章）

【意译】

曾子说：君子应该以种种文化活动为媒介，来和朋友相交往。而交往的目的，则是指向于帮助彼此的生命人格都获得成长。

【讨论】

1. 孝道的功能在启发出人天赋的爱能，但爱能固然可以从属于仁心（仁者爱人），也可以仅属血气。所以连孝行本身，都可能陷落为愚孝（当人不知应该从道而非从父母之命），孔子也曾说忠信虽是人性的先天本质，但仍需要后天的好学来贞定。而所谓好学，就常通过友道来进行。

2. 所谓友道，首先就是要将朋友相交定位在谋道而非谋食，这在本书第五章已有论及（如"无友不如己者""益者三

友")。然后进一步更要将朋友交往的形态与内容分别予以点明。其形态就是"以文会友"。而所谓文，当然无非是有关忠信的讲论，这立刻与谋生活动中的"以利相逐"区分出来。至于交往的内容，则无非是在为仁之学上互相提携、切磋、期许，即"以友辅仁"。

3. 这一章可说是论友道的总纲，以下都是据此而作细部的探讨。

　　子贡问友。子曰："忠告而善道之，不可则止，毋自辱焉。"(《颜渊》二十三章)

【意译】

　　子贡向孔子请教交友之道。孔子说："当朋友有过的时候，一定要真诚地劝告他，善巧地诱导他改过。但如果感受到对方的抗拒，就要适时放手，以免惹来对方的无礼反弹。"

【讨论】

　　1. 以友辅仁之道，最主要的课题就是规过劝善。但这绝非以强者姿态去批判、教训、斥责的意思。乃因所谓"辅仁"，是帮助对方成就人格独立的君子。而这种成人的修养，本质上要靠每个人的心灵自觉，即所谓"反求诸己"。因此站在朋友的立场，其实只能从旁提醒，仅供参考。对方是否同意而欣然接纳，仍要充分尊重对方的主权与成长节奏。否则必将刺伤对方的自尊心，引发对方的防卫反应。这时即使你的意见在客观上正确，对方在主观感情上仍要故意拒绝，令你难堪。这时莫责怪对方蛮不讲理、忠言逆耳；其实是你先漠视了他的主权、伤了他的自尊，才引起他的反弹。所以这受辱是自找的，故称为"自辱"。

2. 一般人有过这种受辱经验，很容易也因受伤、自我防卫而从此不再对朋友进忠言。但这是有违友道的，因此仍应反求诸己，警觉未尊重朋友主权之过，调整待朋友的态度，以期下一回提出忠告时能有所改善。而改善的表征，就在更懂得"善道"，也就是循循善诱，在不伤对方自尊的前提下，达到辅仁的目的。

3. 一般来说：要做到忠告（认真对朋友说实话），就容易伤人而非善道。要循循善诱，就常常得说话保留而非忠告。要做到既忠告又善道，既直于己又谅于人，其间分际拿捏，的确是友道的严重考验。

子游曰：事君数，斯辱矣。朋友数，斯疏矣。（《里仁》二十六章）

【意译】

子游说：规劝君王长上的时候，心情态度要从容不要急切，否则就会惹来侮辱。规劝朋友时也一样，否则就会导致朋友交往的疏远。

【讨论】

这一章主旨和前一章一样，都是提醒我们要尊重他人的人格自主权。数音 shuò，义为一而再、再而三，引申有心情急切的意思。

子曰：巧言、令色、足恭，左丘明耻之，丘亦耻之。匿怨而友其人，左丘明耻之，丘亦耻之。（《公冶长》二十五章）

【意译】

孔子说：与朋友相处，只会说漂亮话而其实无信，只会摆出和悦的表情而其实无诚，只会态度十分恭顺而其实无敬，像这种交朋友的态度，左丘明引以为耻，我也引以为耻。同样地，对朋友心怀怨望却隐忍不说，表面上仍然若无其事地和对方来往，像这种对待朋友的做法，左丘明引以为耻，我也引以为耻。

【讨论】

1. 这一章是"以友辅仁""忠告善道"的反面。前者是真诚直谅的交友正道，这则是虚伪应酬的交友邪道。所以孔子特别提出来自我警惕，也以此告诫学生。

2. 足音 zú，过分、十足之意。

3. 左丘明可能是鲁的太史，即《左传》的作者；但也可能只是一位孔子的前辈。孔子先引述其人行谊，再予附和，有强调语气的用意。

4.《论语》中有关友道的，还有"与朋友交而不信乎"（《学而》四章）、"与朋友交，言而有信"（《学而》七章）、"主忠信，无友不如己者"（《学而》八章）、"益者三友"（《季氏》四章）等。已见本书第五章，请参考。

5.有关孝友之道的讨论，即到此为止。下一章将综合前四章所论的成人之学，总结为"仁"这一观念，来进行细致的剖析和讨论。

柒

论仁——道德生活的内在根源：真实的生命体

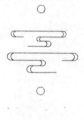

前四章论学、论道、论忠信、论孝友一路论下来，已大致将孔门之学做了扼要的说明。下来便要碰触孔子思想和《论语》义理中最核心、最重要也最不容易准确把握的观念——仁了！

为什么"仁"这观念或字眼这么不容易准确把握呢？

首先是因它完全不是西方哲学、科学中所谓的概念。概念是有明确定义可以理解并借以和其他概念做出有效区分的。但仁完全不是，它无法明确定义的程度，大概只有"道"这个字差可比肩。（至于其他字眼如孝、弟、忠、信、礼、义、智、勇等，还多少有一点界义可供掌握。）所以我们不称它为概念，只称它为观念。观念者，虽也有个焦点引人注目，却无明确的轮廓界线可供定义之谓也。

其次，是仁和《论语》中其他字眼如孝、弟、忠、信、礼、义、智、勇等有个根本的不同，就是仁不是孝、弟、忠、信等，但孝、弟、忠、信等却都不能离开仁而成立。可以说仁是诸德的根源或总称（朱子就说仁是全德之称）。但所谓全德、总称，却不是诸德之和或加总的意思，而是所有一一之德本质都是仁的意思。于是仁就变得什么都是也什么都不是，这当然就难懂了！

最后，则是我们在《论语》中遇到许多仁字，常有莫衷一是乃至互相矛盾之感。如诸弟子问仁，孔子对每一个人的提问却给予各各不同的回答，到底哪一个答话才是正解呢？又如行仁似乎是很难的，因为孔子从不曾赞许任何还活着的人为仁（对历史人物倒还有），连他自己也不敢当。（子曰：若圣与仁，则吾岂敢？）但《论语》中又明明有说："仁远乎哉？我欲仁斯仁至矣！"又似乎行仁并不难。那到底是难还是不难呢？

基于以上种种原因，使我们在读《论语》时，最感困惑为难的，大概就是仁这个字了！尤其在把《论语》原文翻译为语体时，常常不知道该把这字怎样翻译才对，遂一概翻为"仁德"，好像把一个字换成两个字就可以交差了！其实这是不行的，因为这样等于没有翻。而对于《论语》中最重要的这个仁字，若翻不出来，就等于表示对《论语》原典的理解是可疑乃至落空的。所以我们非得要好好研究这个仁字，把上述的疑难予以彻底解决不可！

但怎样解决呢？当然不能用明确下定义的办法，因为那样仁就死掉了！而应该用"存在的描述"和"暂时方便的分解"这样的办法来试予疏解。

当然，这不是试图给予确凿的答案，而只是试图提供一种参考，希望有助于读者的体会与理解罢了！因为要准确掌握仁在不同的语脉中的含义，毕竟要靠每个人在自己的生活实践中去揣摩体会。

好，仁是什么意思？我们不妨先用这样一个描述性语句来表示：

仁是一个当下真实、具体存在的情境。这情境中有人有我，而人我是一。

这句子有三个要点：其一是直指仁就是当下的实存情境，这实存情境正在发生，还不能成为认知的对象，所以无法以任何概念来规范。其二点出这情境可以蕴含种种暂时性的分解，如人我、物我、身心、灵肉、天人等等，这种种分解对列可以是曾经发生的，也可以是未来可能的。其三是无论曾经或可能，但在当下，此分解已被消融而复为一体，因为这样才符合所谓仁或实存的命意。而我们也由此建立仁的第一重含义，即实存义。

但，既说有人有我，又说人我是一，这岂不是多此一举吗？和单说仁是当下的实存情境又有什么差别？我们说这差别就在于单说实存，它只是一个原点；兼说它的分而又合则能够展示出人生实践的辩证历程。原来人虽生而性善，本就是一真实整全的生命体；但在人生历程中，却无可避免都要浑沌凿破，先失去人的浑朴纯真，陷入理想与现实的矛盾痛苦中，再经由心灵自觉、反省改过的工夫修养去让生命恢复健康与统整。这可说是人的宿命却也是人之所以为人的尊严所在，即：人的高贵不是生而必有、免费获得的，而是经过人的自由意志，我欲仁然后仁才至的。而整部《论语》，谈的就正是这一番成人之学。因此当然可以说整部《论语》、整套孔子学问的精华，都浓缩在仁这一个字里面了！

因此也可以说本章所做的对仁含义的探讨，也就是之前四章的总汇呢！

好，我们前文已先建立了仁的实存义了！现在可以再就仁或实存生命分而再合的发展历程，建立仁的其他诸义。

当人的原始生命无可避免地浑沌凿破，人就失落了他的纯真与实存感，而顶多只存留对纯真的记忆、对实存的想象。这时实存（道）就不是实存而被推到天上，转成人心的理想向往了！这绝对、纯净、完美、圆满、永恒、真实的生命理想状态，就可称之为仁的理想义。至于抽离掉理想的实然生命，遂成为由历史经验所构成的经验体，其中当然有与人相融为一的好经验，也有与人对立隔阂的不好经验。就看哪一边的经验多、势力大，就会影响人当下的行为往哪一边抉择。于是造成人的气质、个性、禀赋也有仁（善良温柔）与不仁（凶恶强暴）之别。这无关德行，纯凭气质，我们即可称之为仁的气质义。

当然，气质驳杂而不统整，被制约而不能自主，是不符理想的，而成人之学，就正是要启发心灵的自觉，去做气质结构的主人，这就得一一反省气质的偏蔽，让生命逐渐调整到更真实、统整，也就是更接近理想状态才行。这于是成立了仁的工夫义。

换言之，我们是透过为仁的工夫，去逐渐转化提升我们的气质生命（生命的实然状态），去接近理想（生命的应然状态）。也就是通过仁的工夫义，去促使仁的气质义与理想义重合为一体。于是三义复合为一义，也就是实存义。

关于这一番分合，我们不妨图示于下：

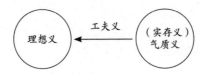

本章就是依循这样的理路，选择《论语》中适合的材料，分别说明仁的气质义、理想义、工夫义。至于实存义因为是不可说的，所以无可论列，就只能靠每个人自行综合分解的三义以还原那一体之仁了！

▒ 一、仁的气质义

子曰：巧言令色，鲜矣仁。(《学而》三章）

【意译】

孔子说：一个人如果很轻易地就说出许多讨好人的话，表现出许多取悦人的脸色，我们便可以推断他的内心恐怕是没有几分真感情的。

【讨论】

1. 关于气质之仁，重点不在德行修养，而在秉性朴直，不善于虚伪作假。所以我们不妨即翻译为"真感情"，即内在真实的感受、感觉也。心里怎样想，嘴里就怎样说。这有时候也未必当理，所以无关于德行，但至少不失鲁直，而也就可称为仁或真感情了！当然这只是气质之仁。

2. 巧与令，不纯然指客观中性的善巧（善为言辞）和美好（表情和悦），体察语意，实有虚情假意的成分。所以直接落在人我关系中译为讨好和取悦。

子曰：刚毅木讷，近仁。(《子路》二十七章)

【意译】

一个人如果行事刚直而且有贯彻到底的毅力，说话则谨慎寡言不轻易出口，我们便可以推断他的存心也是比较真诚的。

【讨论】

1.前一章从反面切入，这一章从正面切入，表达的是同样的意思。

2."近仁"和"鲜矣仁"一样，都是从量的多寡比较而言，而不是从质的是非而言，所以都不是德行之仁而只是气质之仁。在翻译上本章译为"真诚"，也和上章译为"真感情"意思相同。

子曰：人而不仁，如礼何？人而不仁，如乐何？(《八佾》三章)

【意译】

孔子说：一个人如果内心没有真感情，那么外表礼节行为即使再周到，又有什么用呢？

【讨论】

1."如礼何"的文法结构是——"如礼，何？"意即："就礼而言，这算哪门子礼呀？"即否认其合于礼的标准，亦即视其为假礼而非真礼。当然，这所谓合礼的标准不在礼的形式仪节而在内心的诚意。

2.原文其实是在议论行礼应有真情，而行礼乃依照各种制度运作之意，如朝会、周会、开学典礼、毕业典礼，乃至日常上课、上班等。这都不该徒有形式，虚应故事，而该在每一个岗位上认真努力才是。译文不局限在制度运作，而涵盖更广泛的生活言行。

3.礼与乐也可以连称为"礼乐"。原文分成两句，是因中文一字一音，适合排比对仗，所以常将一句话分成两句讲，却也因此富于重复层叠、一唱三叹的美感。

子曰：人之过也，各于其党。观过，斯知仁矣。（《里仁》七章）

【意译】

孔子说：人会犯哪一类的过失，其实和他的性情也有呼应的关系。所以，看一个人会犯哪一种过，便也就可以推知他是哪一种人了。

【讨论】

1.仁也会犯过，便知这里所说的仁，不是德行之仁而只是气质之仁了。

2.所谓"观过斯知仁"，意指所谓过，大别也不过两类，就是"仁之过"和"不仁之过"。而就气质层次来说，所谓"仁之过"其实就是软心肠之过，即太容易感动，太容易相信人，太容易被别人的虚伪表演（巧言令色）所欺骗，这当然是宅心仁厚的老实人容易犯的过。至于"不仁之过"，其实就是硬心肠之过，即习惯性不相信人，凡事太理性、太存疑，只相信证据不相信人，于是容易错怪别人，容易刻薄待人，这当然是冷静理性的聪明人容易犯的过。

3.那么，这两种错或这两种气质（仁厚与刻薄）有没有高下之分呢？体察孔子的意思，应是最好能行中道，凡事恰如其分，如果不能有此时中之德而须靠气质习性来行事，那么仁厚总比刻薄近道一些（刚毅木讷近仁），犯仁之过也比犯不仁之过更容易矫正以走上时中的仁道。

4.关于仁之过，还可以参考《阳货》八章：子曰："由也，女闻六言六蔽矣乎？"对曰："未也。""居！吾语女：好仁不好学，其蔽也愚。好知不好学，其蔽也荡。好信不好学，其蔽也贼。好直不好学，其蔽也绞。好勇不好学，其蔽也乱。好刚不好学，其蔽也狂。"文中所谓"好仁"，是"顺仁的气质行事"的意思，因非德行，所以有其性格上的盲点（蔽），就是容易被欺骗。

▓二、仁的理想义

子曰：唯仁者，能好人，能恶人。(《里仁》三章）

【意译】

孔子说：只有人格圆满的人，才有资格、有能力去给人准确而合理的评价，使他称赞人也不是基于偏好，厌恶人也不是出于成见。

【讨论】

1. 在《论语》，凡称"仁者"，都是指理想人格、人格圆满的人，也就是都属仁的理想义。

2. 这一章，区分出凭个人气质为标准去好恶人、评价人和以德行为标准去好恶人、评价人的不同。前者的标准是有限而狭隘的，无论好恶都可能偏差。后者的标准是宽广、开放而合理的，合什么理？就是合生命既各有长短，也同具理想方向之理。如何才是合此生命德行之理的评价？就是尊重每一个人气质上的长短，却重在看他能否通过他的气质特点，去体现那普遍的道德理想（如自由自主又立人达人）。若然，他便能顺着每一个人的个性，都给出良善的指引，帮助每个人找到他独特的自我实现之路。

3. 但谁才是这有资格有能力对任何人都给出正确评价与指点的人呢？事实上没有任何人具备这样的资格，因为每一个人都多少仍有他气质上的偏蔽有待化解。所以孔子这句话的语意，恐怕是提醒人不要随便评断别人。要随时自问：我已经是人格圆满的人了吗？当然不是，所以就请慎言吧！《宪问》二十九章就曾记载子贡方人（喜欢批评人），孔子就告诫他："赐也！尔贤乎哉？夫我则不暇。"（阿赐！你的人格修养已经够好了吗？竟然有闲工夫去批评别人。我是你老师，我都还忙着反省修养怕来不及呢！）也可以跟本章参证。

4. 既然没有人够格批评别人，那我们难道凡事只好闭嘴，完全不可以发表意见了吗？那又不然，因为对世事发表意见，给予评论也是人生无可避免的。但这时我们便须有一清楚的认知，即我的所有评论，都是建立在我到目前为止能获得的资讯之上。但这前提是否正确、周全是不确定的，所以我的评论本质上只是个"假言命题"，即："若我所知为真，则你的作为是不对的。"但若我所知不真，则以上评论即须修正乃至取消。也就是说：我的评论仅供参考，并非断然的评断。这样才不致陷入子贡方人的道德陷阱。

子曰："君子道者三，我无能焉：仁者不忧，知者不惑，勇者不惧。"子贡曰："夫子自道也！"（《宪问》二十八章）

【意译】

孔子说:"作为一个君子,最应该认真做到的有三点,但我一点都做不到,就是做一个心中没有烦忧的仁者,遇事没有左右为难的智者,碰到困难挫折没有恐惧的勇者。"子贡听了说:"这不正是老师您人格的自我描写吗?"

【讨论】

1."仁者"一词,在《论语》中出现约十次,都是指理想人格。本书限于篇幅,仅举两章为代表,而尤以此章为义理闳深。

2.关于"仁者不忧,知者不惑,勇者不惧",另见《子罕》二十九章,但次序不同,为"知者不惑,仁者不忧,勇者不惧"。本书为义理诠解的顺适之故,采用《宪问》篇的次序。

3.仁既然是诸德的总根源而具不可言说的实存义,所以即使暂予分化为仁、智、勇三德,也仍当以仁为首。亦即:虽散列为仁者、智者、勇者,其实都可总说为仁者。所以当然也可以说仁者(一个人格圆满的人)是不忧不惑不惧的。只是在不惑时别称为智者,在不惧时别说为勇者罢了!《宪问》四章有云:"有德者必有言,有言者不必有德。仁者必有勇,勇者不必有仁。"可见仁可以涵盖或引申出智、勇("有德者"即"仁者","有言"即智者的表现),但智、勇却不能涵盖仁,即因仁是诸德的总根源之故。

4.这里仅提及仁可以涵盖智、勇,其实更广泛地说,凡诸德行如孝、弟、忠、信、礼、义等都一样以仁为根源，而可以为仁所涵盖。

5.孔子说"我无能焉"，不是故作谦虚，而是如实承认。乃因理想义之仁，其实无人敢当。子贡直说"夫子自道"，虽是推尊老师，其实无当于义理。

子贡曰："如有博施于民，而能济众，何如？可谓仁乎？"子曰："何事于仁，必也圣乎！尧、舜其犹病诸！夫仁者，己欲立而立人，己欲达而达人。能近取譬，可谓仁之方也已。"（《雍也》三十章）

【意译】

子贡问孔子说："如果有一个人能做到对老百姓平时博施恩惠，有苦难时予以救济，那么这个人应当给予怎样的评价？可以说是仁人了吗？"孔子说："能有这样功绩，哪里只是仁人而已呢！如果一定要找一个恰当的词语，恐怕是圣人吧！但说到圣人，真是谈何容易？连尧、舜都还不免有瑕疵而常常做不到呢！其实谈到仁这件事，我们不必好高骛远，而应该把重心挪回自己身上。只要起心动念，方向都指向愿自己人格独立同时也帮助别人人格独立，愿自己走通人生这条路同时也帮助别人走通他的人生之路，就可以算是仁了！至于如何让这人生方向得以落实进行，就更不必设想得太远，只需就自己的生活经验切入就行了，这才是行仁的正确方法啊！"

【讨论】

1.这一章出现了四个仁字，前两个是理想义之仁，后两个是工夫义之仁。子贡提问的重心在仁的客观格局与高度，孔子的回答却把重心挪回到主观的工夫修养。

2. 这一章最容易出现的疑惑在仁与圣的关系。乍看原文好像圣比仁的境界更高，因为孔子分明说"何止（事是止的通假字）于仁人？更须说到圣人才恰当"，但其实仁与圣不该是境界高低关系，因为仁已经是孔子义理中最高阶最根本的观念了，不应本上还有本。而应该是内外关系，内仁外圣，即后世所谓内圣外王（这又是一个用字的困扰，这里的圣等于仁，王才等于圣）。所谓内（内仁或内圣），是指人格修养的工夫（己立、己达），重在生命品质的纯度。所谓外（外圣或外王），是指我们对外界的道德关怀（立人、达人），重在功业或影响力的大小或量度。子贡问的博施济众，正是就功业角度立言，属外不属内，所以孔子认为用仁来衡量不恰当，用圣来称号才相应。但又因既然是对外界的道德关系，一定得是推扩自己的道德修养去帮助他人也成全其道德修养（己立而立人），所以外圣又须建立在内仁的基础之上，所以孔子才说"何事于仁，必也圣乎"（说仁还不够，说圣才恰当），遂令人误以为圣比仁更高一级。

3. 关于生命品质的纯度与对外界道德影响力的量度，明朝的王阳明有一个很好的比喻，他认为圣人（即《论语》中的仁人）好比金子，金子有成色（纯度）与分量（重量）两个衡量向度，圣人同样也有生命品质和对外影响力两个衡量向度。但因为品质修养操之在己，对外影响则还要看环境条件（时、命），不是一己所能决定的。所以修养成圣人，只当采成色纯度一个衡量向度就够了。因为这样才能肯定众生平等，我的分量虽不及孔子，但我的纯度却可以和孔子同样都是足金。孔子在本章要把子贡问题的重心从外挪回到内，用意也相同，所以才说"尧、舜其犹病诸"。然后就工夫义来说仁，也因这才是可以操之在己的，因为人人都有自己的生活（能近取譬），不必如子贡所问，须居高位、握大权才能博施济众。

4. 所谓"能近取譬"，是用身边的生活经验去和道德理想相印证的意思。譬，喻也，以事喻理也。

子曰："若圣与仁，则吾岂敢？抑为之不厌，诲人不倦，则可谓云尔已矣！"公西华曰："正唯弟子不能学也！"（《述而》三十四章）

【意译】

孔子说："要说我是圣人或仁人，那我怎么敢当？也许说我是一个不断在认真修养自己，也不断在教导别人做修养的人，那还勉强说得过去。"公西华说："正是不断认真去修己教人这一分工夫，同学们都做不到呀！"

【讨论】

1. 孔子所不敢当的圣与仁，当然是理想义之仁，只是仁又分化为内（就理想人格说仁）外（就盛大功业说圣）两面罢了！

2. 孔子的态度，依然是将做人的重心，由外（圣）与上（理想人格）挪到内（人格修养）与下（从生活经验切入）。

子路曰："桓公杀公子纠，召忽死之，管仲不死。曰：未仁乎？"子曰："桓公九合诸侯，不以兵车，管仲之力也。如其仁！如其仁！"（《宪问》十六章）

【意译】

子路说："齐桓公和公子纠兄弟争位，结果把公子纠杀了。当时公子纠身边重要的两个臣子，召忽自杀了，管仲却没有，反而去辅佐齐桓公。管仲恐怕不能算是仁人吧！"孔子说："齐桓公多次联合诸侯，全凭道义，不用武力，这都是管仲的功劳。当然算是仁人！当然算是仁人！"

【讨论】

1. 本章最启人疑窦的地方，就是孔子对子路的疑问，用了一个模糊的语词"如其仁"来回答。"如其仁"是什么意思呢？是不算正式的仁，但可以比拟为仁、等同于仁的意思吗？孔子又为什么要这样曲折地称许管仲呢？

2. 我们还是要回到"何事于仁，必也圣乎"中仁、圣的本末关系来求解。原来圣功虽以仁德为本，但充分的仁德仍须由内（己立）而外（立人），包含圣功在内，所以径从功业上去肯定其为仁是可以的。问题在这功业必须由仁德推扩而来才算，才可称为圣功；而管仲的功业是不是从他的仁德修养（不管是仁的理想义抑或工夫义）推己及人而来的呢？这却大有疑问。其实在《论语》中，孔子曾一再抨击管仲小器、奢侈、不知礼（《八佾》二十二章），所以若以德而言，管仲非仁，其功也不能称为圣功。但事实上管仲的功劳太大了，大到对整个仁道文化有决定性的影响。这从《宪问》十七章孔子对子贡同样的质疑所作的回答"管仲相桓公，霸诸侯，一匡天下，民到于今受其赐。微管仲，吾其披发左衽矣"可以得到印证。所以，孔子许管仲为仁，不是直接从仁以启圣、本以贯末来肯定，而是间接从他的功业对仁道、仁教、仁传统有重大影响来肯定的。因为是间接，所以不直称仁而说"如其仁"。但要厘清的是：并非凡事功都可以如此肯定（如以杀人多寡而论的战功），必须直接间接与仁有所关联的才算。

曾子曰：士不可以不弘毅，任重而道远。仁以为己任，不亦重乎！死而后已，不亦远乎！（《泰伯》七章）

【意译】

曾子说：身为求道者心志不能不宽弘刚毅，因为他承担的使命很重，要走的路又很远。他以修养为仁人、推扩为圣功来作为自己的终生使命，这还不算重吗？这样的实践之路一直要走到死的那一天才可以停止，这还不算远吗？

【讨论】

1. 需要终身承担，死而后已的仁，当然是理想义的仁，所以才有如此沉重的分量。而既然说沉重，一定与圣功更有关系，所以翻译"仁"时也将圣功纳入。

2. 一般认为传孔子道的弟子只有颜渊、曾子两人。他们两人有什么差别呢？不妨说：颜渊以质胜，曾子以量胜。颜渊的生命品质纯净，所以能不贰过，而直显如理的天道。曾子则资质鲁钝多过，所以须每日三省其身，实践之路就走得沉重艰难，而更显曲折的地道。但吊诡的是，曾子之路反而更切近人情，结果对后人的影响反而更大。

　　微子去之，箕子为之奴，比干谏而死。孔子曰："殷有三仁焉！"（《微子》一章）

【意译】

　　在殷朝末年，纣王暴虐无道，群臣都不敢违逆，却有三个人犯颜直谏。微子因此弃官远走，箕子因此被囚禁为奴隶，比干更因此被纣王剜心而死。孔子说："殷末虽然是乱世，还是有三位有功于仁道的人。"

【讨论】

　　1.微子是纣王的庶兄，箕子和比干都是纣王的叔父，都因直谏而或去或辱或死，可见纣王的无道。

　　2.在《论语》中，孔子从不曾称许还活着的人为仁人，只有对历史人物曾以仁相许，如管仲及本章的三人。乃因对还活着的人，必须从仁德去考察。而完美人格（理想义）既无人可当，身心修养（工夫义）又只及于当下，未来尚不可知，所以无法称仁。但对历史人物，便可以盖棺论定，单从他一生行谊事功，看对整体的仁道、仁教、仁传统有无影响，影响是正是负，是大是小来论定他是否属仁。以管仲言，他虽有小疵（小器、奢侈、不知礼），但正负相抵，仍大有功于仁道，而足称"如其仁"。本章三人，也是如此立论。

子曰：志士仁人，无求生以害仁，有杀身以成仁。（《卫灵公》九章）

【意译】

有志行仁道的人，都不会为了求个人生存而伤害仁道，只会为了成全仁道而牺牲自己的生命。

【讨论】

1. 本章三个仁字，都是理想义，而且都不是指主观面的理想人格，而是客观面与圣功相关的仁道、仁教、仁传统。后来即称这一层的仁为大我，这也可以和本书第一章论及孔子的"文化的民族主义"相印证。

2. 在这样的传统下，"杀身成仁"或"成仁"成为被广泛歌颂的行谊。尤其在民族战争中牺牲的战士，如所谓"太原五百完人墓"，"完人"（完美的人格）也就是"仁人"。其实这些成仁的战士未必有仁德的修为，所以可称为仁或完人，也是从对整个"道德文化体"或大我有其贡献来立论。

▦ 三、仁的工夫义

子曰：富与贵，是人之所欲也，不以其道，得之不处也。贫与贱，是人之所恶也，不以其道，得之不去也。君子去仁，恶乎成名？君子无终食之间违仁，造次必于是，颠沛必于是。（《里仁》五章）

【意译】

孔子说：富和贵，是人人都想要的，但如果不是通过合理的途径，就算得到了我们也不要留恋。相反地，贫与贱也是人情所不喜欢的，但除非通过正当的方法，否则即使不幸遇到了，我们也不要逃避。原来这种凡事必须合理正当的坚持，就是君子的本质，君子如果少了这一点坚持，又还有什么资格被称为君子呢？所以君子不会在任何状况下对不起良心，即使仅在吃一顿饭那么短的时间，即使在仓促来不及思考的刹那，即使在颠沛流离的长期折磨之中，他的起心动念都是如此。

【讨论】

1.从这一章开始，我们讨论仁的工夫义。工夫义之仁和理想义之仁有一点最大的差异，就是后者是无人可当的，但前者却是人人都应该时刻具备。我们对《论语》中的仁字所以会不免有彼此矛盾的疑惑，主因在未能厘清原来难当的是理想义，易行的是工夫义。

2."不以其道，得之不处也。"一般都断句为"不以其道得之，不处也。"这其实是不通的，在本句还不觉得，但在下一句："贫与贱，是人之所恶也，不以其道得之，不去也。"就立刻显出他解释上的为难来。原来"不以其道"不是用来修饰"得之"，而是修饰"不处""不去"。亦即"以合理之道处富贵""以合理之道脱贫贱"。本书因此将断句改为如此。

3.造次是乍遇变故，仓促间不及思考，这时只能凭本能或平日素养来反应，于是是否修养有得便考验出来了！

4.颠沛是长期的苦难折磨，人修养之功若不够深，便难坚持这么久。君子的修养工夫若能终食之间都不间断，而且在造次、颠沛这两种极端状况下都能通得过考验，才足以证明果真是一位认真做修养工夫的君子。

5.在这里，孔子明白地用工夫义之仁来界定君子，即因这才是可以操之在己的部分。

子曰：回也，其心三月不违仁。其余则日月至焉而已矣！（《雍也》七章）

【意译】

孔子说：学生里面，只有颜回可以做到连续三个月心态都清明自觉，不违背善良的本性。至于其他的学生，便都是只凭天机，良心偶然发露罢了！

【讨论】

1. "不违仁"，到底是不违背什么呢？在上一章我们一则将"不以其道"翻译为"不通过合理、正当之道"，一则将"不违仁"翻译为"不违背良心"。意即："合理正当之道"实借着"良心的明觉而显其安不安"来确定。所以本章翻译"不违仁"，才将这两面意思都包含进去。要之，心之自觉实是工夫修养的核心要义。

2. "三月"未必恰好三个月，三表多数，"三月"即指"一段长时间"。

3. 颜渊和其余弟子的差别，其实只在自觉与否，自觉便能自作主宰，以心领身，所以能够维持一段长时间。不自觉，便只能顺生命气机的流转；偶然出现灵明。因为这不由工夫，所以称为"天机"。

4. 前一章说"君子无终食之间违仁"原来只是君子之修养理当如此，但事实上能做到的人是很少的。不过做不到却不是因为难，而只是因为不做罢了！

子曰：仁远乎哉？我欲仁，斯仁至矣！（《述而》三十章）

【意译】

孔子说：仁是一个遥不可及的境界吗？其实只要你起心动念想要实践仁，仁立刻就在你身上实现了！

【讨论】

1.第一个仁字，应该是理想义之仁，因为如此，才会被人设想成遥不可及的高远境界。而孔子的思路便是将仁的理想义转为工夫义。于是仁的理想虽高远，这时却变成一个永恒的方向，对这方向的终极处我们不必（也不可能）达致，却可以无穷地朝这方向前进一步。于是这轻轻的一步便也可以和终极理想之仁连起来，而走在实践仁道的路上了！这便是工夫义之仁。

2.行仁工夫，可以区分为两层。其一是起心动念的方向正确，这可用如理、合道、正当或对得起良心来表示。其二是虽顺着这正确的方向行动，实务上仍有可能犯错、走歪而须时时反省改过。颜渊工夫重在前者，曾子工夫重在后者。而两者当然以前者为本，所以本章也是先点出起心动念之正（欲仁），便已在行仁路上起步（斯仁至）。至于依此方向走下去的疑难，就先略过不谈，也是鼓励行仁的意思。

子贡曰："如有博施于民，而能济众，何如？可谓仁乎？"子曰："何事于仁，必也圣乎！尧、舜其犹病诸！夫仁者，己欲立而立人，己欲达而达人。能近取譬，可谓仁之方也已。"（《雍也》三十章）

【讨论】

1.本章已见"仁的理想义",此处再引,是要在工夫义上再做补充,所以【意译】就省略了!

2.前一章谈到工夫核心在起心动念要方向正确,也就是要"欲仁"。但"欲仁"的内容是什么呢?本章加以点明,就是欲己立己达而且立人达人,也就是由内推扩到外,照顾到全盘的道德理想。

3.至于上一章所谓"朝正确方向前进一步",怎样踏出这一步?本章也点出,就是看自己的当下生活,遇到什么人、事、物,就从这里切入去学习自立,也助人自立罢了!从生活当下切入,有谁做不到呢?又不是要你去博施济众!所以才说"我欲仁,斯仁至矣"啊!

颜渊问仁。子曰:"克己复礼为仁。一日克己复礼,天下归仁焉。为仁由己,而由人乎哉?"颜渊曰:"请问其目?"子曰:"非礼勿视,非礼勿听,非礼勿言,非礼勿动。"颜渊曰:"回虽不敏,请事斯语矣!"(《颜渊》一章)

【意译】

颜渊向孔子请教行仁之道。孔子说:"更充分发挥内在自觉的动力,去实践让一切都合理有意义的道德理想,那就真的是在行仁了。因为只要我们开始由内而外去实践,天下人就顿时都纳入我们仁心的关怀之下。原来行仁是一件完全主动自发,操之在己的事,哪里是别人可以左右的呢!"颜渊说:

"这原则我明白了，但落实下来的行动准则该怎么订呢？"孔子说："就要从生活中的每一项经验中去真诚无私地感受，借着内心的安与不安来判断它合不合理，如果不合理，就不再去看、去听、去说、去做。这才是一种自由自主又合情合理的道德生活。"颜渊说："我虽然不敢说很好学，但这几句话我一定会努力去做。"

【讨论】

1. 在《论语》里，所有弟子问仁，都是在请教孔子：在工夫修养上我该怎么做？亦即：都是工夫义之仁。正因每个人状况不同，孔子才因材施教，各有指点。才会同一问仁，孔子有那么多不同的回答。如果误以为这是知识性的讨论，问"仁是什么意思"（像柏拉图对话录的辩种种概念定义），就会疑惑怎么没有标准答案了！

2. 在所有弟子问仁中，我们限于篇幅，只选这一章为例。因为这一章义理最闳深，也最惹争议。首先就是"克己复礼"的解法，一般都顺朱子之义，解为"克制自己的私欲，以让自己重新合于礼"。但这在义理上是明显不妥的，因为颜渊已是孔门中最好学，而且工夫重在心灵自觉，心志清明，从不贰过的学生了；并不像曾子鲁钝多过，需要每日"三省吾身"，做艰苦的工夫。因此孔子怎么会还用这初级班的工夫途径去指点颜渊呢？颜渊如果生命中还有许多私欲、习气、业识、情结有待化解，一时化解不了，甚至要动用到克制压抑的工夫，那怎么还能三月不违仁？所以这样诠释"克己复礼"是不妥的。

3. 那该怎样理解呢？从明儒（阳明一派的学者，如罗近溪）就有人注意到这一点，而解"克"为"能"，即"克勤克俭""克明德""克念作圣"（后二语俱见《书经》）之"克"。至于"复"，则是"践履"的意思。如《论语·学而》十三章："信近于义，言可复也。"（承诺合理，你讲的话才可能做得到。）"复"就是"践履"的意思。于是"克己复礼"便可解为"更充分发挥自我的能力去实践仁道"。至于"仁道"不用"仁"而用"礼"来表示，则因"礼"更重在圣功的外王表现之故。

4. 不过这样解有个疑问，就是从古书的例子，"克"作"能"解之时，通常作修饰动词、形容词的副词用，而找不到用在代名词"己"之前的例子。所谓"孤证不立"，在别无佐证之下，解"克己"之"克"为"能"是有疑问的。不过，这只表示这样的解释在文法上尚未能证成，却也不能据此否证。至少，这样解在义理上是通的，所以我们姑且先据义理作如此认定。

5. 其次的一个疑问是在"一日克己复礼，天下归仁焉"，容易错解成："只要我自己在家里做一天克己复礼的工夫，就全世界都太平了！"这当然是不可能的事。所以"天下归仁"的"仁"，应指"仁心"或"呈现于主观心中的境界"。

6. 再来一个大疑点就是"非礼勿视"应作何解：是"不合理的景象不要看"吗？合不合理如何评断？是根据客观的道德规范或教条吗？若然又会掉进前面"克己复礼"的窠臼。所以这里的"非礼勿视"不该以客观的教条为标准，而该以良心的自觉为标准。不是先认定非礼所以不看，而是先去看，再由良心判定，如果不合理才不看。这才是"为仁由己"之道。

7. 关于其他弟子问仁，孔子各有指点。如：樊迟问仁。子曰："爱人。"（《颜渊》二十二章）又曰："仁者先难而后获。"（《雍也》二十二章）仲弓问仁，子曰："出门如见大宾，使民如承大祭。己所不欲，勿施于人。"（《颜渊》二章）司马牛问仁。子曰："仁者其言也讱。"（《颜渊》三章）以及子贡问为仁（《卫灵公》十章）、子张问仁（《阳货》五章）等。

子曰：我未见好仁者，恶不仁者。好仁者，无以尚之；恶不仁者，其为仁矣，不使不仁者加乎其身。有能一日用其力于仁矣乎？我未见力不足者。盖有之矣，我未之见也！（《里仁》六章）

【意译】

孔子说：我从来没有见过能真心向往仁道理想的人，甚至连讨厌不真诚的人都没见过。一个人若能够向往仁道理想，那当然是再好不过了。其实只要能讨厌不真诚，就已经算是走在行仁的路上了，因为他至少能避免自己沾染上虚伪不诚的习气。但有谁认真用力去走这条人格修养之路呢？即使只是认真一天。是因为这条路太难了吗？我却从来没见过有谁是能力不足的。也许有吧！但至少我从未见过！

【讨论】

1. 在分别讨论过仁的气质义、理想义、工夫义之后，我们选用这一章来做一个总结。因为这一章很特别也很难得，它一共出现了七个仁字，却三义俱全。所以很适合拿来做总结，也测试一下读者经过前面三小节的分别讨论之后，是否已有明辨这七个仁字谁属何义的功力。

2. 在这一章，孔子订出仁学的高低两重标准。高标是积极朝着仁的理想方向前进（理想义，第一、三个仁字），低标是消极地忠于自己的真情实感，不虚伪不说谎（气质义，第二、四、六个仁字）。这于是相应地也构成两层实践工夫（工夫义，第五、七个仁字）。

3. 积极的工夫是"己欲立而立人"，当然还可以分为"存此心念"（欲）和"朝此方向行动"两步，但其实只要"存此心念"，就已是"开始行动"了（欲仁仁至）。至于消极的工夫，是先不求人格有所提升，至少不要掉到负面（不仁）；也可说是先"己欲立"，暂不去"欲立人"。这两层工夫，当然积极的工夫是比较难的；因为牵涉到仁者爱人，也牵涉到落实行动，就可能会有过，更要从反省改过中累积自己爱人的能力。但消极的工夫则是人人都有能力做到的，因为只须诚实面对自己，不虚伪不说谎就行了！孔子说"未见力不足者"，乃是就这一层而言。说没有能力去爱人、去实际改善自我的习性、去自我提升，还有理；说没有能力诚实不说谎不掩饰，就说不过去了！这也就是孟子所谓"非不能也，是不为也"。

4. 最后，孔子真的是从没见过好仁者、恶不仁者吗？那颜渊、曾子算什么？应该是，孔子这样说只是用夸张语气来提醒人要用功行仁，也用"未见力不足者"的说辞来鼓励人不要畏难罢了！

捌

论礼——道德生活的客观规模：优美的文化体

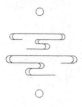

如果说仁是孔子心目中最重要的观念，那么第二重要的观念无疑就是礼了！也可以说仁与礼这一对观念，足以撑起整个儒学的义理规模。仁代表内圣学，关涉到道德生活的内在动力如何开发、肯认，以建立一个独立而能自信信人的人格。礼则代表外王学，关涉到道德生活的外在结构如何安排、运作，以开创一个优美而能供人从容涵泳的文化。如果仁可以用"真实的生命体"来概括，那么礼也可以概称为"优美的文化体"。中华文化向来被称为"礼仪之邦"，不就是这个缘故吗？

　　当然，由于中华文化是一个以动力为本的文化，所以仁、礼虽并称，毕竟以仁为本。所以仁是孔子心目中的第一要义，礼则只好退居第二，而理当在论仁之后，再接续论礼，以表彰仁、礼为道德生活一体两面的整体义理。

　　首先我们要厘清或厘定的，当然仍是礼的含义。如同前一章论仁，我们说仁不是一个概念语而是一个指点语，其实礼也一样。尤其当我们说仁、礼是实存的道德生活的一体两面的时候，更是意在点出：仁与礼指的是同一个实存的道德生活，或

"道"，只是分别从不同的角度去指点罢了！从主观面看，说它是真实的生命体，这时礼也在仁中，人群也在我中。从客观面看，则说它是优美的文化体，这时则是仁也在礼中，我也在人群中。总之，在《论语》中，礼的含义不是那么确定、固定的，它仍会在不同的语脉中呈显不同的含义，因此它仍属一指点语。而所指点的则仍是那实存的道德生活或"道"。

当然，基于指点角度的不同，比起那活活泼泼的生命体——仁，礼似乎总应该比较有条理些、概念化些，但事实上礼还是应当被视为一个"活文化体"，而不仅是一套机械冷硬的制度、组织、结构。换言之，礼应该是指一个"生命化的结构"，而不是指"客观结构本身"，此之谓"仁也在礼中"。

这立刻对比出"礼"与"法"的不同观念。法才是指那纯属客观外在的组织结构，礼则是指有人活在其中的组织结构，这时我们毋宁称之为秩序更好些。在这里，有人的生命与组织结构相容，于是人不但生活在组织结构中，也生活在其他广大人群的生命心灵的交光互映中。如果以鱼优游地生活在水中来比喻，那么人是以所有其他人与组织结构的互动相容体为他的水的。这当然与一个人活在一套严格冷硬的机制中，受其控制也忍不住想叛逆的情调有绝大的不同。我们正是据此而说"法律不外人情"（这绝非徇私之意），说"徒善不足以为政，徒法不能以自行"。

因此，要问一个人在体制之中活得好不好，便不能单看法律组织是否周密完备，更要看生活在这法制中的所有人是否善良仁慈、真实而不破裂。原来法律制度、风俗秩序优不优美，人是占有极重要影响力的。所以在本书上一章中，孔子才要称有益于这文化体的人格为仁。便因如果人要捣乱，就算有再周到的法制也会被扭曲糟蹋的（试看美国金融风暴中的华尔街"肥猫"）。所以说礼不得不牵连到仁，说仁也一样，此之谓仁礼是一体的两面。

经由上文的讨论，我们便可以比照对仁的规定，也对孔子所谓的礼做如此的理解：礼也不是一个概念语，而是指点语。它所指点的，就是一个真实、具体的文化体。在这个文化体中，有人群与制度、组织、风习在互动相容而成为一个和谐、合理的秩序。每一个人都受到这个秩序的衣被而更容易活得真实不破裂；每一个人也都通过这个秩序去参与衣被、支持他人而更能有效地表现他的爱。

我们无妨说，仁这个生命体中的人我合一关系，就是仁中所含的礼；而礼这个文化体中的人人得到衣被，就是礼中所含的仁。仁与礼原来都是同一个真实的道德生活（仁）、道德秩序（礼）、道德实体（道）。因此，如果我们试着分析《论语》中所出现的"礼"这个词语的含义，其实也不是在做概念分析，而是对由礼所指点的这个活文化体作一内涵的分析讨论。

而依着从礼的指点角度切入，到礼所指点的这个道德实体，我们也可以将礼的含义姑且区分为礼的规范义、礼的权衡得中义和礼的理想义或根源义三层。在这层层推进中，仁的意思也逐渐渗入，直到仁礼一体。以下便依次排比《论语》与礼有关的原文试做意译与讨论。

▦ 一、礼的规范义

规范义可说是礼的基本含义，实指种种行为规范、成文典章、制度系统乃至人群整体的生活方式等，可以单称为礼，也可并称为礼乐。

子曰：道之以政，齐之以刑，民免而无耻；道之以德，齐之以礼，有耻且格。(《为政》三章)

【讨论】

1. 本章已见本书第四章：论道。所以意译从略，直接进行义理的讨论。

2. 第四章重在区分人生的两重领域——谋道与谋食，亦即求生活动与文化活动。但在此，我们重引第四章则是意在指出礼与法（刑政）的不同。原来法是刚性规范，具有客观的威权，适用在谋生领域，功能在维护社会的集体安全。而礼则属柔性规范，仅供参与其中的人去斟酌参考，适用在文化领域、道德生活，功能在沟通人我、共达于道。所以法治社会只能让人免于匮乏、免于恐惧，却无法给人存在的意义感、尊严感（民免而无耻）。礼治的社会才能让人真有做人的尊严，因此乐于不断自我提升其人格（有耻且格）。

3.当然，谋生是有优先性的，法治也是礼治的基础。中华文化传统的缺点，就在法治层面不够坚实，人权的保障不够充分，导致礼治的理想也常落空，这正是我们今天需要补足的地方。

子曰：夏礼，吾能言之，杞不足征也。殷礼，吾能言之，宋不足征也。文献不足故也。足，则吾能征之矣。（《八佾》九章）

【意译】

孔子说：夏代的礼制，我能够加以说明，只可惜无法从夏的后裔杞国人的现在生活方式去获得印证。殷代的礼制，我也能加以说明，只可惜也无法从殷的后裔宋国人的现在生活方式去获得印证。这都是描述杞、宋人民生活情状的文字资料与口述资料都不到位的缘故，如果到位，我就能借杞、宋人的生活去印证夏殷两代人的优美生活了！

【讨论】

1.所谓规范义的礼，就是实指一时一地的社会制度与人民的生活方式，约略和现代所谓文化同义。因此夏代的社会制度与生活方式就称为夏礼，殷代的则称为殷礼。

2. 正因礼与法的不同在礼不仅指客观的制度、组织、结构，而更包含人在这结构中的生活与互动；所以孔子所谓能言之，一定不是指考据式地列举夏、殷的典章制度，而是指能描述夏、殷的人民如何在当时的制度运作中过着美好、有意义的生活。

3. 这于是牵涉到"不足征"的含义究何所指的问题。征是证明、印证的意思。但证明什么呢？如果是指典章制度本身，则既然文献的记载不足，孔子又凭什么能言呢？可见孔子所能言而不能印证的，其实是夏、殷当时人民的生活情状。原来杞国、宋国的制度，应该还是和夏、殷时无大差别，大不同的恐怕是因礼制僵化之故，以至同一套制度，在当时能衣被人民，让人民生活富有意义的，如今却不能了！所谓形同质异，也就是礼的走样而不成其为礼了！所以才无法用杞、宋人民的生活样态去印证夏、殷盛时人民生活的美好。

4. 那么夏、殷盛时人民美好的生活情状，孔子又凭什么能言呢？就因贯注到礼制中使其成为活结构的仁，是人性内在真实普遍的本质，每个人都能够反躬自证而得。所以孔子才能够凭己身所体会，设想在夏礼、殷礼中，人民该当如何生活得真像一个人那样富有意义与尊严。但这样美好的生活样态，已经无法在现在杞人、宋人身上看到了！所以无法印证。

5. 最后是"文献"一词应当如何理解。一般来说，文是指文字的记录，献是指口述的资料。问题在本章所谓"文献"不足的文献，是指记录夏、殷时人生活方式的史料呢，还是指描述当代杞人、宋人生活情状的资料？一般都认为是前者，但若照应本章语脉，前文既然说杞、宋不足印证，然后又说是文献不足之故，则似乎应该是指后者才更顺当。若然，则所谓"不足"，也就不是指知识性的数量不足，而应是指道德内涵的不足了。也就是说，正因杞、宋人的道德生活已衰退，所以记载杞、宋人生活样态的文字资料、口述资料都无法传达出道德生活的内涵与精神，所以才无法借以印证他们祖先在盛世时的生活品质啊！

子张问："十世可知也？"子曰："殷因于夏礼，所损益可知也。周因于殷礼，所损益可知也。其或继周者，虽百世可知也。"（《为政》二十三章）

【意译】

子张问孔子："十代以后的人间事，我们有可能预知吗？"孔子说："殷代的礼制是从夏代礼制承继演化而来的，其间删减了哪些，增添了哪些，我们都可以比较得知。周代的礼制同样是继承演化前代的殷礼而成，其间的增减也一样可以比较得知。这么说来，就算以后有接续周代而兴起的别的朝代，我们也一样可以根据从上述历史经验领悟到的道理，而推知百代以后人民的生活方式不管如何演变，都无非是通过与当时代相应的礼制去过着同样美好有意义的生活。"

【讨论】

1. 对于这一章，读者最容易感到不可理解、不可置信的，一定是孔子怎么可能预知百代以后的人间事？例如他能预知两千五百年后的今天，我们坐汽车、搭飞机、看电视、用电脑吗？这当然不可能。那么孔子所谓十世可知的到底是什么呢？

2. 原来孔子所能预知的，并不是礼制或生活方式的本身，而是不管通过怎样的生活方式，都必然是得符合人性要求的道德生活。此之谓"万变不离其宗"，孔子所谓可知的，并不是那万变的形态，而是那永恒不变的人性理想啊！

3. 那么孔子是如何把握了解这永恒普遍的人性理想或"宗"的呢？这除了通过孔子的反躬自证，也是通过和先圣先贤"人同此心"式的精神印证。这就是观察夏、殷、周三代的制礼者，看他们在继承前代礼制时，为什么损这些，益那些，就从他们的损益现象中，体会他们所以损益的标准、理由何在，然后发现他们所根据的标准、理由是一致的，就是人性内在的普遍常道，也就是仁。所以孔子才说：不管继周而起的朝代有多少，只要人还存在，人性中的普遍常道也就存在，人会如何去调节他的生活方式的做法，也都是精神永远不变而可以理解的。

4. 据这一章，也可以支持上一章的解法，说孔子能言夏礼、殷礼，不是指典章制度的知识，而是指道德生活的精神。

林放问礼之本。子曰："大哉问！礼与其奢也宁俭，丧与其易也宁戚。"（《八佾》四章）

【意译】

林放问孔子社会上种种礼仪制度的根源在哪里。孔子说：

"在礼坏乐崩的现代，你能问出这样的问题是很不容易的，这表示你很有时代问题感。礼制的意义根源其实就在人心的真情实感。所以行礼的时候，与其形式铺张却没有真感情，还不如形式俭约一些却有满满的情意。办丧事也一样，与其程序周到却没有哀戚之情，还不如过程虽简陋却有哀情的自然流露呢！"

【讨论】

1.孔子心目中的礼，始终是和人的参与连在一起的。因此若参与者没有真情实感，礼就成为虚文，不但不能有助于生活意义感的发生，反而会造成生命的束缚与堵塞。周代虽然由周公制礼作乐，出现了有史以来最优美的礼文制度，但到了东周，也不免渐渐僵化，即所谓礼坏乐崩。林放也有礼乐为什么会僵化崩坏的感触与疑惑，因此向孔子提问。

2.所谓礼之本，不是指"制度如何才能建构起来并且顺利运作"的技术性依据，而是指"制度如何才是有益于人生的制度"的意义价值根源。若问技术之本，当然是数学、逻辑，西方文化所重在此。但若问意义之源，那就是人的创造心灵，也就是仁。

3.林放这个问题的标准答案，应该是"礼之本是仁"。但孔子为什么不直说仁呢？就因仁不是一个有确定义涵，可有效认知的概念，说"礼之本是仁"，就跟说"礼之本是×"一样没用。所以孔子用举生活实例以唤起问者内心感觉的方式来回答。在《论语》中这样的例子还不少见。

4.孔子回答的这句话，其实用字有省略，须补足，才不致误解。他完整的句子应是"礼与其奢而无情，宁俭而有情"，亦即：孔子是拿形式（奢或俭）和感情（真或假）来相提并论，而不是拿形式的奢与俭来比较，而赞成俭反对奢。原来，最理想的是形式也周到感情也真挚；但若两者不能兼顾，就应该先顾全感情。孔子正是以此来表示真情（仁）是礼之本。

5.《论语》中，与本章主旨相同的还有《八佾》三章："子曰：人而不仁，如礼何？人而不仁，如乐何？"以及《阳货》九章："子曰：礼云礼云，玉帛云乎哉？乐云乐云，钟鼓云乎哉？"请参考。

二、礼的权衡得中义

在上一节，我们已点出凡说礼，必含仁。在这一节，仁的分量更重，乃是直以仁心能否善用礼文以实现人我的交流和谐合一为礼。在《论语》中，属此义的礼，常用"有礼、无礼"或"知礼、不知礼"来表示。而其含义，都不是指遵守某一礼文，而是指在某一实存情境中，人对某一礼文能否斟酌如分，权衡得中而言。

有子曰：信近于义，言可复也；恭近于礼，远耻辱也；因不失其亲，亦可宗也。（《学而》十三章）

【意译】

有子说：一个人他所许的承诺要合理，才可能落实做到。对人的恭敬行为要分寸拿捏适当，才不会招致对方的侮慢。亲近值得亲近的人，才证明他自己也是个可尊敬的人。

【讨论】

1. 复是践履的意思，宗是尊敬的意思。

2. 从前两句对称的句法，可知"义"与"礼"的含义是相近而可以互相补充的（这可说是对称句的常规），尤其有子是说"近于礼"而不是说"合于礼"，就可知这里的礼不是指某一项仪式或规矩，而是指表达恭敬之心的行为分寸是否恰当。因为要分寸恰好，才能将心意如实传达，而尽到礼的功能。否则若行为简慢，就会让人误以为你看不起他而生气；若过度卑躬屈膝，又会让对方误以为你在讨好奉承而看不起你。两者都可能让人际关系失衡而带来受伤受辱的后果。

子曰：恭而无礼则劳，慎而无礼则葸，勇而无礼则乱，直而无礼则绞。（节录《泰伯》二章）

【意译】

孔子说：一个人如果一味顺着他待人恭敬的习性而不知适可而止，就会越陷于心劳力绌。如果一味顺着他谨慎的习性而不知节制，就会越变得畏缩胆怯。如果一味顺着他勇往直前的习性而不懂得刹车，就有陷于违法乱纪的危险。如果一味顺着他率直的习性而不知修饰，就容易流于急切偏激。

【讨论】

1. 本章在这四句之后，还有四句："君子笃于亲，则民兴于仁，故旧不遗，则民不偷。"因为文意与前不连，应该算另一章，所以在此不加引述。

2. 本章主旨，都是以自觉的理性权衡去节制人的个性习气，好让人的性情对人格的养成、人际的相通，只显其正向的效益，而不产生负向的流弊。所以本章所提的恭、慎、勇、直，都不是指德行而是指习性，它们都需要通过仁心在实存情境中自觉地拿捏分际、权衡得失，才能转成为德行。而这恰当的调节，就称为有礼；不加节制，任性而流，就称为无礼。

司马牛忧曰："人皆有兄弟，我独亡！"子夏曰："商闻之矣：'死生有命，富贵在天。'君子敬而无失，与人恭而有礼，四海之内，皆兄弟也。君子何患乎无兄弟也？"（《颜渊》五章）

【意译】

司马牛满怀忧戚地说："人人都有相亲相爱的好兄弟，就只有我的兄弟这么不好，让我感到有也等于没有！"子夏安慰他说："我听过一句谚语说：'人的现实遭遇，穷通寿夭，都不是人自己能决定的。'兄弟是贤还是不肖，我们既然无能为力，就看开些吧！不如把人生重心改放在我们能做主的领域，例如认真修养做一个人格独立的君子：对内诚实地对待自己，凡事戒慎恐惧，无有怠惰；对外无私地对待他人，总是心存敬意，言行恰当。这样的话，天下的人不都会跟你相亲相爱，和兄弟一样了吗？所以作为一个君子，何必担心没有好兄弟呢？"

【讨论】

1. 司马牛其实并非没有兄弟，只是他的兄弟们以桓魋为首，都是违纪作乱之徒，所以司马牛才有如此担忧之情。

2. 子夏的开导，要点在区分有名无实的兄弟与有实无名的兄弟。前者出于血缘，虽有兄弟之名，但是否有亲爱之实，则是不可强求的。至于后者，则出于修德以散发出人格的光热，自然能感召同道，来相为友。就如《学而》一章所谓"学而时习之，不亦说乎！有朋自远方来，不亦乐乎"，这却是人可以循道而得的。

3. "与人恭而有礼"一句，是引述本章的用意所在。在这里的有礼，当然仍是指在实存情境中的分际拿捏恰当，言行权衡得中。

子曰："管仲之器小哉！"或曰："管仲俭乎？"曰："管氏有三归，官事不摄，焉得俭？""然则管仲知礼乎？"曰："邦君树塞门，管氏亦树塞门。邦君为两君之好，有反坫，管氏亦有反坫。管氏而知礼，孰不知礼？"（《八佾》二十二章）

【意译】

孔子说："管仲的器量真是太小了！"有人就问："您的意思是说管仲太拘泥节俭吗？"孔子说："不是，管先生的家分设了三个公馆，各有独立而非兼职的管事人员，这怎么能算节俭呢？"那人又问："这样说来，管仲的为人算是合乎礼节的吗？"孔子说："按照制度规定，国君才可以设置屏风来挡在门口，而管先生竟也在家设置屏风。同样，国君才可以在接见外国元首时，设置放酒杯的土台，而管先生竟也在接见外宾时私设这土台。如果说管先生的行为算是合乎礼节，那天下还有谁是失礼的呢？"

【讨论】

1.为配合主题，我们先讨论"知礼"，这不是指"知道某一项礼仪"，而是指"行礼时表现是否恰如其分"。知经常不只有认知的含义，更有在现实情境中主持、主掌某项事务的含义。

2.孔子虽然曾因管仲的功业而称许他"如其仁"（见本书第七章），但也因管仲的功业并非从德行而来的圣功，所以不直接称许他"仁"，而间接说他"如其仁"。在本章，孔子批评管仲器小，便正可印证孔子为何不许管仲为仁的缘故，正在德行不足，格局太小。原来孔子所谓器小，应该是指理想不够高远、心胸不够广阔、识见不够高明而言，和一般称人小气是指节俭、舍不得花钱不同。或人也许就因此有所误解了。

子入太庙，每事问。或曰："孰谓鄹人之子知礼乎？入太庙，每事问。"子闻之曰："是礼也！"（《八佾》十五章）

【意译】

孔子进入鲁国的太庙担任助祭，遇到不懂的事物，都一一详细询问。有人就语带讥讽地说："是谁说那个从鄹邑来的年轻人熟知礼制的？你看他进到太庙，每件事都要问！"孔子听到有人这样批评，就说："这样认真处事，不懂就问，正是合乎礼节精神的表现啊！”

【讨论】

　　或人所说的"知礼"，确是"广知博闻各项制度仪文"的意思。但孔子所说"是礼也"的礼，才是真的知礼，也就是了解礼的精神，不在死守规矩，而在言行合度。

三、礼的理想义与根源义

　　当礼的含义，由客观的礼制义发展到人在参与操作礼制时的权衡得中义，它已经开始由抽象过渡到实存，由客观照制度运作加进了主观在体察实存情境后的斟酌损益了。既然这时的礼要靠斟酌得宜、行为恰当而成立；那么，一个重要的问题便产生了，那就是：你凭什么可以权衡得中呢？这样凭主观心意去斟酌又跟任性而行有什么分别？要解决这个问题，就必须肯定一个形而上的原理（即使每一言行都恰当如分的原理）才行。这于是衍生出礼的理想义与根源义。这原理又可以分为客观面与主观面来说。就客观面而言，就是"合理"（当然是合道德之理），或"理想"本身，亦即后人常说的"天理"。这在《论语》就常直称为"礼"，只是这时的礼不是指某一项礼文，也不是指实存的文化体，而是指形而上的礼。若借用英文的观念，就不妨把它设想成是一个大写的礼。

　　至于就主观面而言，这权衡得中的究极依据当然就是良心、仁心。一个人言行礼节都能斟酌得宜，是因良知明觉；反之动不如礼，也都因良知昏昧。不过这时所说的仁心，不是就仁心之体而言，而是就仁心的表现、发用或为事的根本态度而言，所以在《论语》中别称为"敬"为"让"，或者与礼连称而为"礼敬""礼让"，有时称"好礼"时，也是指好敬、好让。

而推衍到这一步，礼的理想义、根源义简直就和仁没有分别了！所谓礼之本在仁，仁不就是礼所以成立的根源吗？此之谓仁礼是一体的两面，两面也终当合为一体。

孟懿子问孝。子曰："无违。"樊迟御，子告之曰："孟孙问孝于我，我对曰：'无违。'"樊迟曰："何谓也？"子曰："生，事之以礼。死，葬之以礼，祭之以礼。"（《为政》五章）

【讨论】

1. 这一章已见于本书第六章论孝与友，所以意译省略。

2. 在此重引此章，是要点明这里提到的礼，虽也有略偏于礼仪义者（死后之葬、祭），又略偏于言行恰当义者（生之事），但更该理解为总提的礼（大写的礼）或不变的诚敬之心。所以我们在意译时才特别把这总体义强调出来。

子曰：君子博学于文，约之以礼，亦可以弗畔矣夫！（《雍也》二十七章）

【意译】

孔子说：作为一个君子，如果能够做到广泛地学习各种人生社会的知识与见闻，然后应用在生活上，都能够选取恰当，权衡精准，时时处处如分合理，那么大概就可以离道不远了！

【讨论】

1.本章文、礼并举，很显然文是偏重在知识层面，礼是偏重在实践层面。当然知识也有成文、成系统之知（狭义知识指此）与具体经验之知的分别。所以我们用知识（当然在此更是指道德知识）与见闻来意译"文"。同样，实践也有直据仁心对实存情境的感应而行的实践，以及与仁心参考既有知识、理论、模式、规范而加以斟酌损益，以求熨帖于实存情境的实践两类。而在这里既与文并称，可见其实践应属后一类，所以我们意译为将道德知识应用在生活上而如分合理。

2.因此，在这里的礼就不是规范义的某礼，而是理想义的总体之礼，也就是"合理"本身。而"约之以礼"也就是"收束于理性"或可径解为"合于理"了！

3.畔，分离之意，在这里所谓"弗畔"，语意上当然是指"不违离道"。

4.像上引两章把礼视为理想、合理、总体之礼、大写的礼的，在《论语》中还有"颜渊问仁，子曰：克己复礼为仁"（《颜渊》一章。"复礼"，谓实践人文理想也），"子贡欲去告朔之饩羊。子曰：赐也，尔爱其羊，我爱其礼"（《八佾》十七章。"我爱其礼"，恐怕不是指孔子舍不得废弃告朔这一项礼，而是强调礼在人生活中的重要性。因为一项一项的礼，本来就代有损益。告朔礼若过时，也是可以废的，但整体性的礼或说人文生活，则是人异于禽兽之所在，是永不可否定的）

等，请参考。

定公问："君使臣，臣事君，如之何？"孔子对曰："君使臣以礼，臣事君以忠。"（《八佾》十九章）

【意译】

鲁定公问孔子："国君该用怎样的态度去役使臣民，臣民又该用怎样的态度来为国君服务呢？"孔子回答说："国君役使臣民时应该心存敬重，相对地，臣民为国君做事，则应该尽心尽力。"

【讨论】

1.本章礼、忠对举，可见礼与忠一样，都是指一种待人的态度。所以这个礼当然是属于礼的理想、根源义中的主体存心一面，也就是敬或者让。

2.儒家的人际观都是对等互动的，所以这里也蕴含君敬臣，臣才忠君的意思。

子曰：事君尽礼，人以为谄也。（《八佾》十八章）

【意译】

孔子说：我们用恭敬合理的态度去事奉国君，有时候竟会被误会为卑躬屈膝的谄媚。

【讨论】

1.本章尽礼与谄对举，也可见这里的礼也和谄媚一样，是指一种待人的态度。而这一种与谄媚貌似而实不同的态度，当然就是恭敬。臣事君理当恭敬，于是事君以敬也就是一件合理或如礼的事了！

2. 事君尽礼所以会被误会为谄媚，大抵是出于居弱势者为维护自己的尊严而故意对上位者持一种高傲的态度，所谓寒士只剩傲骨。但这其实是一种缺乏根本自信的自我防卫反应，殊非君子己立立人之道。

三子者出，曾皙后。曾皙曰："夫三子之言何如？"子曰："亦各言其志也已矣！"曰："夫子何哂由也？"曰："为国以礼，其言不让，是故哂之。"（节《先进》二十四章）

【意译】

子路、冉有、公西华三位弟子先离开了，曾皙还留下。曾皙就问孔子："对刚才他们三位说的话，老师觉得怎么样？"孔子淡淡地说："也不过就跟你说的一样是表露自己的心声罢了！"曾皙再追问："但老师特别在子路说完之后冷笑了一下，又是为什么呢？"孔子说："治国是严肃的大事，应该谨慎将事，他表达意见时不免急切抢先了，所以才用一声轻轻的冷笑提醒他。"

【讨论】

1. 这一章是《论语》中最长也非常著名的一章，孔子问四位侍坐的弟子：若有机会为国家服务，心里有什么准备好的方案？结果子路从军事、冉有从内政、公西华从外交各抒所怀。

轮到曾皙，他却别有怀抱，只向往闲适的生活。却不想孔子竟然同情曾皙的心怀与境界。这竟使得曾皙不免得意起来，故意晚点走好听听孔子对其他三人的评价。却又没想到孔子反过来也给他们三位一定的肯认。孔子的意思正是在仕进与家居之间做了一个平衡的评价，也算是对曾皙的提醒吧！

2. 我们在这里引本章，意在说明礼的敬让义，所以不引述全章，仅引相关的片段。

3. 在本章，敬、让对举，可见在这里的礼，就是让的意思。让也属敬的表现，只是敬是笼统地说一种真诚敬重的态度，让则特指其中的谦让表现罢了！

子曰：能以礼让为国乎？何有？不能以礼让为国，如礼何？（《里仁》十三章）

【意译】

孔子说：如果能够抱持敬让的态度去治理国政，治国又有什么难的？如果心存傲慢，那么就算制度再完备，又有什么用呢？

【讨论】

1. 这一章礼让连称，礼为谦让之意更无疑问。而这时的礼简直就和仁没有分别了！试看本章的文法语意，不是和"人而不仁，如礼何？"（《八佾》三章）一样吗？

2. 对于礼的含义分析，我们就到此暂告一个段落。当然，含义虽暂分为三层，其实相连为一体。乃至，仁与礼虽暂分为主观的"真实生命体"与客观的"优美文化体"两面，其实也相连为一体。这是儒学、生命之学的语言活用特色，和科学、知识之学的一言一义、定义严谨而确定的语言使用模式，是截然不同的。我们须正确掌握这种语言使用特性，才能对《论语》以至历代经典，有相应的理解。

玖

论知与义——

道德生活自内向外的推扩

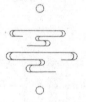

仁是道德生活的内在根源，礼是道德生活的客观规模，合内外主客人我为一体，才是道德生活的实存整体（道）。但这内外两体（真实的生命体与优美的文化体）是经由一番怎样的行动或历程而合起来的呢？我们当然可以一边就仁这一端说起，说这是由仁心自觉地要去立人达人爱人，要去及物润物，遂创造性地点化了自然秩序为道德秩序，也就是礼。同时一边就礼的另一端说起，说这是由礼以其优美的制度运作衣被了人生，以其超越的理想感召启发了人心，更以其客观规范与人的自主性情进行辩证的互动，以训练了人权衡轻重、拿捏分寸的能力，终而成全了人自由独立的人格，也就是仁。

　　不过，除了由两端说任一端都本质地蕴含另一端之外，我们还应当补足另一层的说明，就是实践历程的说明。这当然是由于孔子的学问或儒学，本质上就是一套成人之学。所以就纯理论而言，固然可以说仁礼两端是平行并列，互相涵摄为一体；但就人的道德生活而言，毕竟以仁为本。因此本如何贯到

末（孔子说：吾道一以贯之），仁如何贯到礼，是仍当有一实
践历程的说明的。

于是在仁礼之间，需要插进两个实践性的观念，以补足这
空档，就是知（智）与义。

原来，人要从自我这自足的仁心、独立的人格跨出一步去
立人达人、及物润物，立刻就需要衍生出一种能力去恰当地掌
握外物，这就是知（包括作为动词念第一声的知与作为名词念
第四声的智）。当然知有客观认知义与指向主客合一的实践主
掌义，前者称为抽象之知、经验之知、闻见之知，后者称为实
践之知、体验之知、德行之知。

就前者而言，闻见之知或经验之知是指人的感官对外在事
物的直接摄取或感知，抽象之知则是将这感官直接摄取的经验
纳入到一知识系统中以获得一系统性的了解（了知此事物在知
识系统中的位置，亦即属何种类）。当然这两种知是互有关联
的，抽象的知识系统常由经验归纳而来，经验之知其实也已经
常靠系统知识去辨认了（感官在摄取外物印象时即已连带加以
归类）。

就后者而言，实践之知表示一动态地寻求人我合一、物
我合一的努力。体验之知或德行之知则表示通过这一番实践
的努力，果然实现了仁心的理想，呈现出人我、物我合一的
道德境界。

在《论语》中，知除了一般对外在事物的客观认知义，更
重要而自具特色的当然是实践主掌义。而其中的实践之知，就
称为知，至于由实践有成而呈现的道德境界，以及由此而成立

的道德观念，就称为义。

　　以下，我们就分别选取《论语》中相关的章句，加以诠释讨论。

▓▓ 一、实践之知与智者

所谓实践之知，和一般对外在事物的科学性认知（抽象之知）相较，最主要的差异，就在所知的对象不同。科学认知的对象一定是与人无关的客观事物（所以科学活动一定要坚持价值中立、不涉主观感情），但实践之知却正相反，而是必然与人的道德生活密切相关的道德对象。而只要加进"人"这项要素，身为道德对象的种种事物就立刻变得无法准确认知，而必须改由人的道德心（仁心）去体验、去做价值的判断、道德的安排了（即前所谓权衡），此即谓之道德实践。当然，在做道德实践时，科学性的认知或知识仍是需要被充分尊重的，但这时它已不是主题所在，而只是道德实践的辅助了！

于是在道德实践中作为主题的实践之知，便在客观认知之外，更含有参与、主持、主导、掌管的意思。正如古所谓"知县""知府"，便是主掌一县、一府政务的首长，所以那个"知"字也是主掌的意思。

在《论语》中出现的知，一般的知我们就不论了，属于参与、主掌义的知，若连同它所知的道德对象而言，大致可以有知礼、知德、知生、知命、知人、知言等。而能具有这种实践之知的人则称为知（智）者。当然智者其实就是仁者的一个分化面相。以下即一一介绍。

子曰：不仁者，不可以久处约，不可以长处乐。仁者安仁，智者利仁。（《里仁》二章）

【意译】

孔子说：一个人如果没有开发出他的道德创造能力来，就一定无法通过生活环境的考验：不但匮乏困顿的环境会折损他的人格，就连丰裕安乐的环境也会陷溺他的心志。只有真诚地反求诸己的人，才能不管在怎样的环境都安于做他自己，丝毫不受外在环境的影响。至于在稳住自己之外，若想更进一步推广仁道，去帮助别人也稳住自己，乃至参与建设一个优美的礼乐文化；那就不只要有真诚的仁心，更要发展出能主导环境的智力才行。

【讨论】

1.《论语》中，与仁相提并论的道德观念，除了礼，就是知了。当然，仁是礼之本，知也同样是出于仁。差别只在礼是仁心中道德理想的实现，知则是仁心中创造能力的发用。是借着智力的发用，才促成礼这人文理想的实现。其实我们在本书第七章论仁时，已指出仁又可以分为仁与圣、内圣学与外王学两层，内圣是质（生命品质）外王是量（生命品质对环境的影响力），而负责将内圣境界推广为圣功的其实就是智心与智力。

2. 因此在本章中最需要正确把握的一个字眼就是"利"。"利仁"不是"以仁为有利而决定行仁"的意思（那就变成功利主义，非出于本心真诚，当然也就不是儒学），而正是秉其道德生命的真诚与理想，去作己立立人式的推扩的意思。所以利者，乃是流利、顺利之意；作为动词，即是顺畅地推行，也就是推扩。此意到孟子时就更显豁，故曰"扩充良心"，用来诠释"利仁"可说再贴切不过了！

3. 于是在道德生活中，便可以姑且区分出己立（建立自我的独立人格）与立人（帮助别人也建立他的独立人格）两阶。就前一阶段，只靠诚实地面对自己（忠）就够，就是"仁者安仁"。但到了后一阶段，就要在真诚之外再加上了解环境、掌控局面的能力（智）才够，这就是"知者利仁"。

4. 其实严格地说，两阶段并不能截然区分，而应是互动为一体。因为即使在求自立的阶段，人已经无可避免活在社会环境之中了！所以连仁者安仁也已经需要有起码的安顿身心、主掌环境的能力。否则就一定会被环境的种种条件所限制、所影响。不但不能久处约，也不能长处乐。原来成己与成物根本也是一体的两面，只是在成己时强调仁，在成物时凸出智罢了！

子曰：由！知德者鲜矣！（《卫灵公》四章）

【意译】

孔子跟子路说：阿由！你知道吗？能真实地活出自己，建立起自己的道德人格来的人，是很少的!

【讨论】

1.就义理的层次条理而言，实践之知的道德对象，首先该被提出来的是"道"。不过《论语》中并无此例，要在《孟子》书中才见到："为此诗者，其知道乎!"（见《孟子·公孙丑上》四章。意思是：作这首诗的人，应该是对道很有体验的。）所以我们略过"知道"（这个词如今已变成一个普通动词了，但只剩"知"之义，"道"之义已消失）而从"知德"开始。

2.所谓"知德"，不是"认知各项德目"的意思，而是"参与去塑成自我的道德人格"的意思。

3.为什么孔子感慨知德者少呢? 关键只在人之不为，并不是这一套成人之学很难。

季路问事鬼神。子曰："未能事人，焉能事鬼?"曰："敢问死。"曰："未知生，焉知死?"（《先进》十二章）

【意译】

子路请教孔子要怎样对待鬼神。孔子说："我们光是对待人就已经来不及了，哪有多余的精神去对待鬼神?"子路不死心又再问："不好意思，我还是很想知道死后的世界到底是如何。"孔子说："我们投身到人生历程中，去创造成全人性的道德理想，就已经是穷尽一生的事业了! 又哪有工夫、哪有必要去过问死后的世界呢?"

【讨论】

1.这一章，人们最普遍的质疑，就是以为孔子逃避去探索人生以外的另一个死后世界或鬼神世界。其实孔子反而是扣紧这个问题的核心去做相应的回答。这问题的核心是什么呢？就是人为什么要探讨这个领域。其实一般来说，动机并非知识性的好奇（若然，那反倒是科学的一环而可以成立），而是来自对死亡的恐惧。但追究人为什么怕死，却并非死亡的经验可怕（因为活着的人并无死亡经验，可说死亡绝对在人生领域之外），而是因人在面对他的人生课题、道德考验时没有奋其实践之知去解决人我的违隔、道德的挫折（未能立己，亦未能立人），而逃避了，把问题的解决推到明天复明天。于是这些未被仁心之光照亮的失落经验（包括丧失货财、名位、健康、亲人的打击，以及所求未遂的失败，所愿未能实现的失望）、人生债务，以及由此而形成的自我防卫机制（忧疑、恐惧、愤怒、自闭、排外……），遂构成人生的黑暗、虚妄成分，而解除的希望则全推给未来。于是当死亡的可能将撤销这唯一希望时，人便更恐惧了。这便是在道德学角度提出的人为何怕死的解答。而解题之道唯一，就是当下真诚面对自己的存在实况，不逃避、不遮掩，立刻启动仁心的创造行动去照亮自己的人生。若然，当心光烛照，黑暗便立刻消失，此之谓"我欲仁斯仁至矣"（《述而》三十章）。对死亡的恐惧也立刻消失，此之谓"朝闻道，夕死可矣"（《里仁》八章）。所以孔子并不是逃避不去探索死亡问题，而是彻底了解死亡问题的根源是在生的领域，因此也只能从人生领域去求解，所以对子路的提问，才一再如此强调，恐怕也是想把子路错误的问题意识，拉回到正道上来吧!

2. 关于孔子对待鬼神的态度，最足为代表的是《雍也》二十二章:"敬鬼神而远之"一语。这表示孔子对待鬼神，态度上是诚敬的，因为这也是人生问题的一环。但在解题方向上却是绝不从鬼神领域求解答，因为答案其实仍在人生领域。因此在祭祀鬼神的活动中，孔子也只是借用这宗教性的活动来凝聚自己的诚敬之心，而并不与鬼神打交道。如《八佾》十二章:"祭如在，祭神如神在。"孔子也只是当神是在的，至于事实上神在不在，则根本存而不论。即因重点在祭者之敬而不在神也。

子曰:不知命，无以为君子也。不知礼，无以立也。不知言，无以知人也。(《尧曰》三章)

【意译】

孔子说:如果不能做自己生命的主人，以建立自己独立自由的人格，更进一步去立人达人，是没有办法做成一个君子的。如果不能在生活的种种两难矛盾中做恰当的斟酌权衡，是没有办法促成自我人格的独立的。如果不能善用语言为沟通的工具，以准确表达自己、了解他人，是没办法立人达人，让人我交流为一体的。

【讨论】

1. 这一章一口气提出了知命、知礼、知言、知人四个知的项目。这四个知都不是认知之知，而都是实践之知。

2. 在这一章的三句中，通过知命以成为君子是总提。但成为君子实有己立与立人两面工夫得做，而二、三两句便是就这两面课题提出达成之方，就是借知礼以立己，借知言以知人。

3. 关于知命，孔子别有"五十而知天命"（《为政》四章）之言。关于知人，《论语》别有"樊迟问知，子曰知人"一章（见下一则）。至于知礼，本书第八章论之已多，并请参考。

樊迟问仁。子曰："爱人。"问知。子曰："知人。"樊迟未达。子曰："举直错诸枉，能使枉者直。"樊迟退，见子夏曰："乡也，吾见于夫子而问知。子曰：'举直错诸枉，能使枉者直。'何谓也？"子夏曰："富哉言乎！舜有天下，选于众，举皋陶，不仁者远矣。汤有天下，选于众，举伊尹，不仁者远矣。"（《颜渊》二十二章）

【意译】

樊迟问孔子要怎样去实践仁道，孔子说："就是去真诚爱人呀！"樊迟又问孔子要怎样参与这个道德世界，孔子说："就是去帮助别人也成为一个人呀！"但对这一点樊迟还是不明白，孔子就进一步解释如何去知人："推举已走通道德实践之路的贤人去带领走路走歪的人，就自然能让人把歪邪矫正，走回正路来。"樊迟其实还是听不懂，但也不好再问，就告辞了。然后去找他的同学子夏说："刚才我找老师问怎样参与社会的道德事业，老师说：'推荐正直的人去教化不正直的人，就能让不正直的人变正直。'老师的话是什么意思呀？"子夏说："老师这两句话的含义可丰富了！我不妨举两个例子来说明。其一是：舜当天子的时候，从众人中选拔了皋陶做司法首长，结果坏人都不见了。其二是：汤当天子的时候，从众人中选拔了伊尹做宰相，结果坏人受到感化，也都不见了。"

【讨论】

1. 这一章的义理虽然是借樊迟之问而引出，但也已经可以算是仁、智并举了。

2. 爱人是仁的表现，知人是知的表现。可见这里的知是指以爱人为主题的实践之知，也就是如何才是实现爱人理想的有效行动。所以我们才把"知人"意译为"去帮助别人也成为一个人"。

3. 此一点诠释，我们可以从孔子的回答得到充分的支持。孔子说的不正是通过政治措施去教化人民吗？当然这有别于现代以顺利操作政治机器为主的政治概念，而是政教合一的政治（在此教是指教化不是指宗教），此之谓"道德的政治"。

4. "举直错诸枉"的"错"，义同"措"，放置的意思。

子曰：知者乐水，仁者乐山。知者动，仁者静。知者乐，仁者寿。（《雍也》二十三章）

【意译】

知者通常喜欢亲近水，仁者通常喜欢亲近山。知者的生命气象是活泼流动的，仁者的生命气象是沉稳凝重的。知者容易流露情绪的舒畅悦乐，仁者容易获致生命的安宁悠久。

【讨论】

1. 这是《论语》中把仁知相提并论得最淋漓尽致的一章，因此我们选来做论知的终结，也和起首的"仁者安仁，知者利仁"遥相呼应。

2. 本章对仁者与知者做了三层比较，而每一层都是互相呼应的。第一层是先天的生命气质，知者乐水、仁者乐山乃是因性之所近而相投，所以正不妨就以水象征知者，山象征仁者。

3. 第二层是生命经过道德实践而做人有成之后显出来的生命气象。这时就可以和"仁者安仁，知者利仁"相印证了！安仁是诚实做自己，自然可以不管外在世界怎样变动我都守住正道，处变不惊，安稳如常。但利仁是要推己及人，助人成人，便须因势利导，各适其适，而显种种权变。总之，自立重在诚实，立人更须聪明。而在道德事业中，谁适合扮演守经履常以立典范的角色，谁又适合扮演通权达变以成事功的角色，却也跟人的先天气质相关。虽说立己立人是一体的两面，但就在以立人为主题的道德事业中，仍是有不同角色的分工合作。这时，顺自己性情而选择扮演守常道以立典范的角色，也就是一种知的表现呢！

4. 第三层是通过道德事业的分工参与，而获得的回馈与效应。这在知者，便因常参与应变求通之事而易有成功之乐，但正因此也可能劳神多虑而伤身折寿。而在仁者，则因经常安稳做自己，以不变应万变，所以生命状态安定恒常，少有动荡失衡，自然容易长寿，不过也可能因此少了些变化新鲜的趣味呢！

5.最后，既然仁知一体，那会不会有人既适合立典范，也适合应变呢？首先，就算有气质偏向之限，人通过德行修养也应该可以有起码的两可能力。其次，要充分极致地两路皆长，恐怕就一方面要有平均的气质，另一方面也有充分的德行修养才行。这就是孟子所谓"圣之时者"。在孟子心目中，只有孔子够格。其他如伯夷之为圣之清者，伊尹之为圣之任者，柳下惠之为圣之和者，就都不免只是偏至的圣人而非圆满的圣人了！（可参考《孟子·万章下》一章）

▓二、义的合宜义、应然义、规格义

道德生活自内向外推扩，经过知的实践性参与而逐渐达致人我合一、物我一体的理想状态，这合宜的状态或足以导致这理想状态实现的合宜行动就称为义。

原来义者宜也，合宜正是义的基本义。从羊的字常有美好、美善义，如美、鲜、义（義）、善等，合宜的人生存在状态或人我相处状态当然是一种人格美、生活美、人情美，而可总称为道德之美。这种美当然有别于形象之美、结构之美，而是在道德生活中才能出现的美。

于是义就逐渐有了标准、合理（符合理想）、应该如此的义涵，这就是义的应然义，当我们说某件事或行为是义的时候，就意味着它是对的、应该的、合理的。当然这所谓对、应该、合理，是指合乎道德的标准，所以义到后来简直就和道德画上等号。

但道不是道德之体（实存整体或形上本体）吗？仁不是道德的内在根源吗？礼不是道德的客观规模或理想吗？知不是道

德的实践性参与吗？然则义和这些观念又有什么不同或特殊的地位？

首先，义之为道德标准，不是指形上标准（道），不是指内在标准（仁），不是指客观标准（礼），不是指行动标准（知），而是指情境标准。也就是说，义是在实际的生活情境中，在变动不居的时间流程中，经由仁心的自觉与主动参与，依据形上的理想与内在的真情实感，参考客观的礼法常模，试作与存在情境最相应的抉择，然后借着过或不及的回馈，不断权衡斟酌修正，终于在某一刹那，获致了人我合一、物我一体的道德境界的呈现，也完成了这一阶段的道德实践或道德事业的参与。而这终于符合道德理想的刹那，遂成为道德的成品（成功的作品）、模范、标志，而可径称为道德或义。换言之，义是凭在时间流中某一合宜的实存情境而称为道德，所以和道、仁、礼、知等在道德世界中的地位都不一样。

其次，无论是道、仁、礼、知，都有待落入实存情境中而出现此合宜的刹那，它们才算是落实了、被实证了、完成了；否则便仍属挂空的理论、玄谈或未完成的努力。所以义便和这些字眼、观念都有了密切的关联；于道有道义之名，于仁有仁义之名，于礼有礼义之名，于知有义理之名（理常由知而来），乃至于信也有信义之名，于勇也有义勇之名。简直是只要加上一个义字，就等于是将种种事物、观念纳入到道德的范畴。以至可将义与道德画上等号，这也是义的特殊所在。

然后，当义的标准义涵越强，便自然会凝为道德观念、道德规格，并且用语言文字、概念术语的形式表示出来，于是衍生出义理、义涵、意义、正义，或字义、文义、语义等含义。

不过，当义理的客观性越强，也有定型化、僵化、异化的危机。于是本来该是最活泼、善应变，而长于在变化中调整出常道来的义行，反而变成执着文字概念、被教条框框套牢的愚行了！此即所谓"死忠"、"死硬派"或"基本教义派"。当然这是后话，无关《论语》里的义。

以下，我们便依次选取《论语》中的相关章句予以诠释讨论。

子曰：君子之于天下也，无适也，无莫也，义之与比。（《里仁》十章）

【意译】

孔子说：君子看待世上的事事物物，心中应该全无成见，既没有执意要怎样，也没有执意不要怎样，一切都看在生活每一个独一无二的情境中，要怎样才合宜。

【讨论】

1. 在《论语》中，本章可说是表达义之合宜义最标准的一章。即以全无成见的无私之心，对待生活中所有际遇也。

2. 所谓无成见之心，即孔子自称"空空如也"之心。请参考《子罕》八章："子曰：吾有知乎哉？无知也。有鄙夫问于我，空空如也，我叩其两端而竭焉。"（我心中是否预存种种成见呢？完全没有。就算有一位乡野之人来问我问题，我也是用一份无私的虚心相待，好顺着他特殊的存在情境，把与他最相应的生命内涵替他发掘出来。）

3.“义之与比”，即以义为标准去比对——的存在情境也。当然，本章的义还没有强化到应然标准义，仍属合宜义。

孔子曰：“见善如不及，见不善如探汤。”吾见其人矣，吾闻其语矣！“隐居以求其志，行义以达其道。”吾闻其语矣，未见其人也！（《季氏》十一章）

【意译】

孔子说：“看到好的事就立刻参与、效法，心情就像生怕来不及似的。看到不好的事就立刻回避、拒绝，心情就像手指伸到滚水中被烫到而火速缩回一样。”我见过这样做的人，也听过这样说的话。但说到“天下无道时能毫无留恋地隐退以明志，天下有道时能乐于参与，愿在实存情境中耐心摸索去找到实现道德理想的合宜方式”。我是听过这种言论，却没见过真能这样去实践的人。

【讨论】

1. 这一章的主旨，一在于在道德领域中其实知易而行难。二在于有道德感情容易，能依道德感情去做长久有恒的实践努力却很难。

2. 所谓知易行难，见第二句中孔子所谓闻其语未见其人。所谓有道德感情易，能恒久实践难，则涵盖全章。“见善如不及，见不善如探汤。”是指感性的立即反应，这是人与生俱来的道德反应，就如孟子所谓“今人乍见孺子将入于井，皆有怵恻隐之心"（《孟子·公孙丑上》六章）但如果没有持续的自觉与实践，道德感情的刺激反应也不过五分钟罢了！这正是孔子为什么说只有颜渊可以三月不违仁，其余则只能日月至焉（偶然被环境触动）。

3.这一章的义也是合宜义，乃因这是为了要走通道德之路所作的尝试，含义实与礼的权衡得中义相近。只是礼较偏权衡，义较偏得中罢了！

4.《论语》中属合宜义的还有"信近于义，言可复也"（《学而》十三章），本书第八章论礼已引此章，请参考。

子曰：君子义以为质，礼以行之，孙以出之，信以成之，君子哉！（《卫灵公》十八章）

【意译】

君子的言行表现，一定是以道德为关怀的实质内涵，然后选取适当的形式来将这道德理想表达出来。在表达的时候，更要以谦逊的态度从事，并且有恒而确实地予以完成。能够表现到这种地步，可真的算得上是一个君子呀！

【讨论】

1.从本章开始，就进入义的应然义范围了！所以我们直接将义意译为道德、道德理想。

2.义当然出于仁，但仁只是一点朦胧的道德感，义则是将原则性的道德感落实到眼前的实存情境，凝结为一种稍稍具体有型的道德意念、道德理想。当然，这一点内在的意念、理想乃须寻求清楚明白的实现形式，就是礼。然后形式的实现更须加入虚心、恒心等行动要素才能完成。这一章可说是把君子的道德实践历程，扼要完整地铺陈出来。

子曰：非其鬼而祭之，谄也。见义不为，无勇也。（《为政》二十四章）

【意译】

孔子说：祭祀不该祭祀的鬼神，就是一种谄媚。遇到该做的事而不做，就是一种懦弱。

【讨论】

1. 人死曰鬼。所谓"非其鬼"，是指和自己毫无关系的鬼神，例如别人的祖先、异教的神祇等。非其鬼而祭，分明是一种利益考量，也是一种不义。

2. 用见义不为来界定无勇，表示孔子所主张的是一种义理之勇而非血气之勇。

3. 与本章含义相近的还有《述而》三章的"闻义不能徙，不善不能改"，请参考。

子问公叔文子于公明贾，曰："信乎夫子不言不笑不取乎？"公明贾对曰："以告者过也！夫子时而后言，人不厌其言。乐而后笑，人不厌其笑。义而后取，人不厌其取。"子曰："其然！岂其然乎？"（《宪问》十三章）

【意译】

孔子问公明贾有关公叔文子的为人，说："公叔先生真的像传说那样矜重自持，平常都不说话、不发笑，也不轻取财物吗？"公明贾回答说："那是传言者没有把话说清楚的缘故。我们公叔先生是在该说话的时候才说，所以人们不觉得他多言。真觉得快乐的时候才笑，所以人们不讨厌他的发笑。在该接受财物的时候才接受，所以人们不认为他取财有什么不妥罢了！"孔子听了说："原来是这样，但难道他真的能做到这地步吗？"

【讨论】

1. 这一章的义当然是应该的意思，即所谓应然义。

2. 孔子初听传言，觉得不可思议，才跟公明贾查证。但公明贾描述的也属另一极端的夸张，同样不可尽信。本章主旨，除了人言仅当参考，不宜尽信之外，也点出在道德修养上无人可称完美的存在真理。孔子从不称赞尚存于世的人为仁，他自己也不敢当，便是基于这一点真理（请参考本书第七章：论仁）。

3. 属应然义的义，在《论语》中还有《宪问》十二章"见利思义"、《季氏》十章"见得思义"、《述而》十六章"不义而富且贵，于我如浮云"、《颜渊》二十章"质直而好义"、《子路》四章"上好义，则民莫敢不服"等，并请参考。

子路从而后，遇丈人，以杖荷蓧。子路问曰："子见夫子乎？"丈人曰："四体不勤，五谷不分，孰为夫子？"植其杖而芸。子路拱而立。止子路宿，杀鸡为黍而食之，见其二子焉。
明日，子路行以告。子曰："隐者也。"使子路反见之。至，则
行矣。子路曰："不仕无义。长幼之节，不可废也；君臣之义，
如之何其废之？欲洁其身，而乱大伦。君子之仕也，行其义
也。道之不行，已知之矣！"（《微子》七章）

【意译】

子路随侍孔子出行，却不小心走丢了。子路在寻找孔子
的途中遇见一位用拐杖挑着除草用具的老人家，就问他："您
看见过我的老师吗？"老人家说："瞧你荒废了生活的正事不
做，却去跟什么老师学那没用的学问，我哪知道谁是你的老
师呀！"说完了径自把拐杖杵在地上开始锄草。

子路听了老人家的话，觉得他不是普通农人，就拱手恭敬
地站在旁边静静等候。老人家也欣赏子路的有礼，就留子路住
在他家，还杀了鸡、煮了饭招待子路用餐，并且叫他的两个儿
子出来和子路见面哩！

第二天，子路辞别了老人家，也找到了孔子，就告诉孔子
这件事。孔子说："那是一位隐居的贤人！"就叫子路回去找
他。却没想到等子路回到老人的家，他已经走了。

子路知道老人是故意避开的，就感慨地对老人的家人说：
"隐居在山林田园，不出来为社会服务，是不负责任，于士人
的身份规格是有亏欠的。看老先生昨晚的行谊，也很遵行家庭
中尊卑长幼的人伦，那同样的君臣间的份位为什么就放弃了
呢？只为了避免被混浊的世间所污染，却因小失大地荒废了为

人臣子的节度，又怎么能算合理呢？在今天这个乱世，道德理想并不容易实现，这一点我们其实也非常了解。之所以仍然愿意献身去为社会服务，也只是尽身为君子的责任罢了！

【讨论】

1.我们引这一章，是因为其中出现了三个义字，都是属于规格义，指的是身为君子的份位，应当负起的责任。其含义实相当于今天所谓"职分""职责""义务"。当然不同的职位，就有不同规格的权利与义务、权力与责任。这几乎是《论语》中唯一属此含义的例子了。

2.顺便地，我们也借此章点出孔子以儒门君子的身份，和隐者们的交涉。在《论语》中曾多次出现隐者对孔子的故意讥讽、劝喻，却又不愿和孔子正面对话，似乎否定孔子的所为，却又隐隐有一份爱惜之意，情怀可说颇为复杂隐微，也颇富趣味。本书因篇幅所限，无法列专章来讨论此一现象。能在此顺便引这一章来做代表，也算是聊胜于无吧！

3.关于义的讨论，就到此告一段落。关于全书成人之学的义理架构的展开，也到此告一段落。

拾

补遗与余论

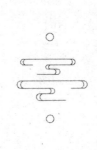

本书以上九章，已可算把孔子的成人之学大体做了一个铺陈。当然，限于篇幅与体例，只能举其大要，无法在义理上做更深入细微的讨论；甚至在选章疏解上，也多有挂漏。因此，我们在本书的最后这一章，把在前九章没有选上，但其实也很重要的章句，精选出十二章，以为补遗。虽然仍欠周详，也算勉可交代了。

子曰：人能弘道，非道弘人。(《卫灵公》二十九章)

【意译】

孔子说：是人去创造了一个优美而富有意义的道德世界，可不是有一个现成的"道"悬空挂在那里，可以充实人生，提供人生所有的意义。

【讨论】

1. 这一章，可以说是孔子在人生观上一次很重要的宣示。就是：在人与道之间，到底是道为人之本还是人为道之源？孔子的答案显然是重在后者。

2.当然，纯就哲理而言，两面都说得通；但同样的道，同样的人，含义就有差别了。若就道是人生之本这种说法而言，道的绝对性、圆满性、永恒性、创造性就被强调，甚至会被强化为全知全能的上帝、造物主。至于人的身份与地位就多少被贬抑了，人的形躯、有限性会被强调，人的心灵则多少被忽略，尤其创造性被忽略，信仰心则被凸显。但若就人是道之源这种说法而言，人的创造性与尊严会被强调，道的绝对性则减杀，退为强调被人发现、创造、经营的部分，人所未知的部分则存而不论。

3.孔子既然是以后一说法为重，于是道（或说天）虽然仍可在理论上位在人之上，但那只是纯形式、无内容的空名；顶多只能以一理想的身份，供人借以自我警惕、自我期勉，却不能直接赋予人生活的意义，所以说"非道弘人"。本书第一章论及孔子的贡献之一——"宗教的人文化"的时候，已曾谈到《论语》中出现的天，都是空名，其实指则落到人心之仁上面，请参考。

4.因此，对本章的主题所在——"人能弘道"，我们在意译时才强调了人的创造性，对道则强调出因人的参与、创造、点化而呈现的道德世界。至于在上一句对道不予翻译，只用引号予以标示，以表示它只属纯名。

5.总之，本章主旨无非在勉励人要正视为人的道德责任，不要被动等待上天的恩赐。

子曰：志于道，据于德，依于仁，游于艺。(《述而》六章)

【意译】

孔子说：我们的心念，要永远朝着理想的方向。但我们的行动，则当永远站稳在生命当下实存的立足点上。至于每一行动的本身，都应该有助于我们提升自我、更接近道，这才是有意义的行动，而要产生这样有意义的行动，就要靠仁心的明觉判断、创造性地实践。最后，这样朝永恒理想不断前进的创造性行动，还要达到纯熟从容，自然流露美感的程度才算圆满。

【讨论】

1.这一章，可说正是把"人能弘道"这句话的内涵予以展开。首先是标举"道"的永恒理想性，以提醒人心、兴发志气。这时的道真的只是空名，其内涵则有待人去弘、去充实。可以说这是弘道的第一步。

2.弘道的第二步就是回头来找寻弘道行动的立足点，这就是每个人当下的存在处境，因为这是人唯一真实的人生（刹那之前已成陈迹，刹那之后尚未发生），也是人唯一可以自由自主去抉择、去行动、去创造的时刻。《雍也》三十章说："能近取譬，可谓仁之方也已。"也是这个意思。

3.确定了道德的方向，站稳了道德的立足点（德是指人所有的实质条件，包括形体、能力、品格），可以开始行动了。但这当下一步要怎么走才是道德（义）的呢？这时自由又道德的权柄就在仁心的明觉与创造。明觉之义有三：一是认清道德的方向而无迷惑（道）；二是充分接纳自我当前的存在处境而不逃避，也不夸大（德）；三是肯定自我的道德责任、创造能力而不自暴自弃（仁）。有这三点明觉才能有效展开道德创造的行动，但所谓创造是创造什么呢？就是创造生活的意义与价值，也就是一种存在的永恒感。怎样才会有永恒感的呈现？当然就是当前这一步的行动，能将真实和永恒的道连接起来呀！

4.最后，关于游于艺。游是从容优游而自得的意思。艺是技巧、技术（原意是种植，引申为种植的技术），引申为巧妙、精美，即接近现代所谓艺术了！"游于艺"，一般解为"借艺术性的活动来陶养生命，以达致从容自在"。但我们承前三句步步推进，认为"艺"应该是指道德创造的行动由生硬、无知的摸索逐渐纯熟、达到化境，也就是道德的艺术化。所以如此意译。

子曰：兴于诗，立于礼，成于乐。（《泰伯》八章）

【意译】

孔子说：我们可以借着亲近文学艺术作品来启发对道德世界的向往。然后，可以借着参与种种生活礼仪、实践种种道德观念来塑造自我的道德人格。最后，更可以借着对道德生活经营得愈加纯熟，自然散发出像音乐节奏般和谐的美感，来达致道德生活的圆满实现。

【讨论】

1.这一章的主题和上一章几乎完全一样，都是对道德生活的历程做一展开。不同处只在上一章是借用道德观念的道、德、仁、艺来展开；这一章则借用文化观念的诗、礼、乐来展开罢了！

2. "兴于诗"的诗，泛指所有文学作品的体类（广义的文学包括艺术）。为什么亲近文学艺术作品能启发人的理想向往呢？乃因文学艺术不只是人生的取样，更因它的艺术性经营可以将复杂的人生简化，将驳杂的人生纯化，而将淹没遮蔽在复杂且驳杂（复杂指事项繁多，驳杂指善恶混淆）的人生中的"道"或理想境界凸显出来。所以，人在文学艺术作品中其实比在真实人生中更容易看见"道"，让人对人生重燃希望，且为此感动。当然话又得说回来，我们在文学艺术中见到的道其实只是道的纯粹形式而全无真实的道德内容（所谓感情是真，情节是假），所以特称为"境界"或直称为"虚境界"。在境界中固然有美（纯形式之美），却没有善（道德生活的真实体验），所以停留在"兴于诗"这一阶段是不够的，还要进入到真实的人文世界中去创造出生活之善来才行。

3. "立于礼"的礼，泛指人文生活中所有的制度运作、礼仪来往，乃至内化于人心中的种种道德观念、是非标准等。纳入到这整套的人文体制中，有助于人道德人格的养成（一切照规矩来，自然容易上道）。当然这不是指人完全盲目地服从规范，而是指借着种种礼制为参考标准，人比较容易权衡斟酌出得中合宜的抉择，而建立他源于内在心灵自觉的独立人格。而这种道德实践或训练，是一种由生而熟，由粗而精的历程，在历程之初，一定是被动守礼的成分较多，慢慢才会自由创造的成分更高。所以从立于礼更须过渡到成于乐，才是圆满的完成。

4."成于乐"的乐，恐怕就不是指音乐作品了，因为这就和"兴于诗"的诗无别了（广义的文学作品包括艺术，当然也包括音乐作品）！所以这里的乐应该着重它的亲自操作义，如演奏各种乐器，所以和亲近其他文学作品重在欣赏是不同的。亲自操作才会更有参与其中的体验，因此可以引申为对种种人文生活的参与和体验。最终体会到在人文生活中物我合一、人我交流的和谐之美，也和音乐美的最高标准——和谐，是一致的吧！

5.这一章的"成于乐"，尤其和上一章的"游于艺"，有异曲同工的互相呼应。

子曰：德不孤，必有邻。(《里仁》二十五章)

【意译】

孔子说：从事德行工夫的修养是不会孤单的，因为你的生命已因修德之故而和所有人的生命都隐隐相连了！

【讨论】

1.这是一个非常普遍的错觉与误解，就是以为修心养性会让人曲高和寡，知音难觅；和人群则愈加疏离，变成孤鸟、怪胎。似乎还不如和世俗同流合污比较热闹。

2.从世俗现象看，似乎真是如此；但若仔细观察，一定会察觉其实不然。首先，这种表面的热闹其实全是假的，或者是被动应酬，或者是曲意奉承，或者是孤单的人聊以互相取暖，其实全是虚情假意，互相利用，只为自己着想。当机缘已过、利用完毕，就一哄而散，什么都留不下来，依然各自孤单。正所谓得意时车如流水马如龙，一旦失势就门前冷落车马稀。到头来毕竟一场空，反而实证这样的人生才是从头到尾都是孤单。

3. 但修德却不然，乃因所谓修德，就是撤除假象，回归人性真实的意思。于是凭着忠于己、信于人，人才真正能够走出自我封闭的藩篱，走进他人的生命，而互相交流，相知相爱，合为一体。而且，不管人事实上在道德的路上走了多远，只要朝这正确的方向开始起步（志于道），人就已原则上开始与他人的生命连接了！此之谓"我欲仁斯仁至矣"（《述而》二十九章）。

4. 所以，修德之初，似乎会与世俗人相离，并不是道德上的事实。毋宁说是修德把貌似热闹其实并非生命相连的事实挑明了而已。但放弃了热闹的假象，就是朝人我相连的道德事实接近的第一步。因为从此开始，即使别人还不了解我，我已开始了解别人了！表面上我仍孤单，但在我的内心，已开始与世人相连而不孤单了！所以孔子才说："不患人之不己知，患不知人也。"（《学而》十六章）

5. 总之，孔子这句话，不但表示了对走上道德实践之路的坚定自信，也表示了在这路上人我必然相遇的真实体验呢！

或曰："以德报怨，何如？"子曰："何以报德？以直报怨，以德报德。"（《宪问》三十四章）

【意译】

有人问孔子："别人对我们不好，我们却用分外地对他好来回报，这种待人的做法您觉得怎样？"孔子说："如果这样做的话，那对于善待我们的人要怎么回报呢？我认为只要用公平对待所有人的通则来回应敌视我们的人就可以了！对善待我们的人，才用同样的善待去回报。"

【讨论】

1.这一章的解读关键就在一个"直"字。何谓"直"或"以直待人"？依儒学"人之性善"的基本肯定，孔子"吾非斯人之徒与而谁与"（《微子》六章）的待人基本心态，"直"应该就是"以人（仁）道待人"，也就是"把人当一个人来看待"。这可以说是我们对待任何人都一致的底线。亦即：不管他是好人坏人，待我是好还是不好，乃至罪恶滔天，十恶不赦，我们依然不可以忘记他是一个人，或否定他是人。如果用六十分是及格分数来比喻，"以直报怨"就是不管他待我是十分、二十分，我都用六十分的待人基本尊重来对待他。

2.六十分这基准点确定了，"以德报德"也就好解了。那就是你若待我超过六十分，我当然可以有感于你的善意、爱顾之意而对等回报，甚至还可以多添一点以表示我的善意。例如你待我八十分，我可以回报你以八十一二分之类。

3.至于以德报怨之所以不合理，还不是因为不公平（要严格说公平，用六十分回报二十分就已经不公平了），更是因为以德待人必须是出于仁心的自觉，所以为了鼓励人秉仁心去待人，我们应该以大致对等的地位来交流。所以你待我八十分，我回报时可以略加一两分，可也不宜更多，这反而才是有礼。多加一两分只是邀请之意（邀请对方以自觉之心再回馈），而非片面施以过量的爱顾反造成对方的压力。至于以怨（低于六十分）待我者，回报以六十分就已经是有礼了，再多反而是不合于义。

4. 当然，一定会有人疑惑：对十恶不赦的人也如此宽待是合乎正义的吗？这一方面牵涉到公平的定义，依儒学，不是指客观数量的公平（以牙还牙、以眼还眼，以二十分回报二十分！），而是指道德、人道的公平。（所有人都该被视为人，受到人道的对待，有人权的基本保障。）另一个更重要的理由，是如果不以人道待恶人，而把以牙还牙当正义，只会诱发自己怨嗔愤恨之心，结果可能使自己变得和被自己所怨恨的人一样可恨。所以，面对大奸巨恶，要依然能维持自己的仁心与人道，这是人在乱世中非常重要的修炼。

子绝四：毋意，毋必，毋固，毋我。（《子罕》四章）

【意译】

有四种心态是孔子随时自我警惕要予以戒绝的，就是：一、对还没发生的事不要有任何猜测、希望、期待。二、凡事都不要强求。三、对任何常规都不要有习惯性的执着。四、总之是待人处事都不要有以自我为中心的私意。

【讨论】

1.孔子的这四项戒律，其实并不是平列的四项，而是分属不同层次。（古籍的分类概念并不严谨，常有层次混同的现象。）第一项的毋意才是主旨所在（"意"通"臆"，预想猜测也），二、三两项其实都是从毋意延伸而来，只是毋必偏于未来，毋固偏于过去罢了！至于毋我，则是前三项的总结。（也就是不管毋意、毋必还是毋固，总之就是毋我啦！）

2.为什么说毋意可以涵盖毋必毋固？不是说毋意是对未来不预期吗？而固是对过去经验的执着，怎么和对未来的毋意有关系呢？原来人所以会对未来存有期望，正是来自把过去经验归纳为常模、道理，遂误认这常模、道理为理所当然的永恒规律，遂凭此信念去预期未来了！所以可以说"意"是根据对过去经验归纳执着的"固"，而对未来生强求其如规律而实现的"必"。

3.至于前三戒都可归结为毋我，乃因人所以会意，也就是"执往以范来"，根本原因来自心灵自我的怠惰，忘记了要面对变动不居的存在情境，做自强不息的道德创造；竟然想靠一套安全稳固的文化体制或心理机制就长保平安。却不知这正是自我人生僵化堕落之源，而且所求的平安也实不可得，反易陷于忧、惧、惑之中。所以总说毋我，就是点出自我昏惰才是乱源，当然相对地，反求诸己，豁醒真我，也才是解题之要。

子曰:《诗》三百,一言以蔽之,曰思无邪。(《为政》二章）

【意译】

孔子说:《诗经》所收的三百一十一篇诗,其一贯的精神,如果用一句话来表示,就是感情都真挚无邪。

【讨论】

1.《诗经》收诗共三百一十一篇,但今天实存三百零五篇,说"《诗》三百"是取其整数。

2."思无邪"原是《诗经·鲁颂·駉》的一句,"思"在原句中其实是句首助词,无义。孔子却借这一句"思无邪"来概括整部《诗经》的精神,于是"思"便变得有意义了,就是指作者的感情。（如后世所谓"情思""幽思""静夜思"等,都是指情绪,不是指现代所谓思想。）思无邪就是指感情真诚,也就是"善"或"道德的"的意思,即所谓"道德感情"。

3.所谓道德感情,当然是指发自仁心自觉的善意,且指向身心贯通、人我和谐的道德理想的感情。这样形成的和谐美感也因此有别于形象之美而可称为道德之美。由此形成的美学则可称为道德美学。这种道德美学也可以说是源于孔子,尤其是《论语》这一章,更足以作为代表。

4.文学史上有孔子删诗的传说（《诗》的内容本来更多,经孔子删削后剩三百一十一篇）。如果真有其事,那么孔子是根据什么标准来删的呢?从这一章看来,我们有理由相信孔子就是根据诗中所流露的感情是正是邪来决定的。也可说孔子通过删诗，把《诗》改造为道德美学的作品集。

子曰：学而不思则罔，思而不学则殆。(《为政》十五章)

【意译】

孔子说：如果只是盲目接受现成的知识、理论、教条，而没有通过亲身的经验、感受、思辨、体悟去加以印证，那其实是学不到什么的。相反地，如果只凭一己有限的经验、心得，却不参考由前人更广泛的经验心得凝聚而成的精华、学理，或者与良师益友互相切磋，那也可能被自己的有限经验所蔽，而陷入危疑不安的境地。

【讨论】

1.上一章提到"思"在古籍中常是指一种情绪，因此，即使由此引申出思想、思考的含义，也依然不应忽略它来自实存经验、感受的原意。我们不妨说，中国文化传统下所谓思考，也比较不是西方式的抽象推理，而比较是针对自己实存的经验、感受，去做真或妄、义或不义的反省、沉淀、厘清、明辨、领悟。所以由学而思，根本就是"把学到的道理应用体贴到生活上"的意思。正因成人之学中的所谓学，并非知识之学而是生命道德之学，并没有客观独立性而须落实到生活实践中去完成。所以如果学而不思，其学是未完成、无意义的，所以说学而不思则罔。

2.至于思而不学则殆，其所以殆，则是因个人的生活经验驳杂不纯，即使通过认真的反省思辨，仍可能有不自觉的盲点或自我防卫机制隐藏其中，所以需要亲近师友，甚至尚友古人，来获得提醒与印证。因此，所谓学也就应当包含从典籍中学与从师友交游中学两方面。

3. 总之，学与思、理论与实践，应该是相辅相成而构成完整的成人之学与道德的实践。

子曰：由！诲女知之乎！知之为知之，不知为不知，是知也。（《为政》十七章）

【意译】

孔子跟子路说：阿由！让我来告诉你有关知的道理吧！知的核心要义就在诚实面对自己，知道的就说知道，不知道的就说不知道。这才是对自己的如实认知啊！

【讨论】

1. "知之"的"之"，不是"知"这个动词的受词，而是它的词尾，表示了动词的时态。（有时表完成时，相当于英文的 +ed；有时表正在进行时，相当于英文的 +ing。在此是后者。）因此"知之"用现代英文文法的术语来讲，就是一个动名词（动词加上 ing 作名词用）。所以翻译时不应把"之"译成"它"，应把"知之"看成一个整体，就是名词的"知"。

2. 这一章出现了六个知字，第一个知是总提，没有特指所知的对象为何。中间四个知字，都是指对种种对象物的知，包括客观认知与实践之知。最后一个知字则是指对自我当下实存状况的知，也就是所谓"自知""自知之明"。这一层的知，是包括前一层的知与不知的。如果层次没有厘清，"我知道我其实一点儿都不知道"就会成为一句矛盾的话了！

3. 孔子为什么会主动对子路谈到知的道理呢？可能是因为子路以勇闻名，遇事容易急切冒进，以致强不知以为知，所以孔子才以此告诫吧！

子谓子贡曰："女与回也孰愈？"对曰："赐也何敢望回？回也闻一以知十，赐也闻一以知二。"子曰："弗如也，吾与女弗如也。"（《公冶长》九章）

【意译】

孔子跟子贡说："你认为你和颜回谁的学问更好？"子贡回答说："我怎么敢跟颜回相提并论？颜回能够从生活的每一件小事中看见整体性的道。我呢？顶多只能从这一件事推知和它相类似的其他事罢了！"孔子说："你的确是不如颜回。但我欣赏你的，也正是你有这一点自知之明啊！"

【讨论】

1. 孔子的学生中，最重要、在《论语》中出现得最多的，就是颜渊、子贡和子路了！本书限于篇幅，无法列专章来介绍孔子的学生们，所以借此补遗，聊举上一章和本章，对孔门弟子做蜻蜓点水式的介绍。

2. 在本章，最容易产生的理解疑义，就在"闻一知十"与"闻一知二"的差别。按一般的解释，是把知都理解为"推知"（推其理而得知），于是颜渊可以由一推知十，当然比子贡只能由一推知二聪明多了（推理能力强多了）！但依孔门生命之学的性格，这样解是很有问题的。第一，生命之学靠的不是聪明和推理（知识之学才是）。真懂孔子之道的学生只有两个：颜渊和曾子。颜渊是否聪明不确知，但曾子不聪明是确知的（孔子曾说："参也鲁。"见《先进》十八章），然而曾子能传孔子之道，可见闻道、传道不靠聪明，靠的是真诚笃实（忠信）。所以凭子贡的聪明，仍是不免感慨"夫子之言性与天道，不可得而闻"（见《公冶长》十三章）呢！第二，孔门之中，最聪明的恐怕就是子贡了（其次还有宰我，他们两人同属孔门的言语科），他的推理能力怎么会比颜渊差呢？何况颜渊的智力表现在《论语》和其他典籍中并无记录，而子贡却是表现优异的。所以，此解应不成立。

3. 那么，在本章中的知应作何解呢？在子贡的"闻一知二"，的确可解作认知、推理之知。但在颜回的"闻一知十"，就应该理解为实践之知，亦即知天道之知。于是"闻一知十"的义涵，就等同于"下学上达"。一是指下学层次的——生活经验，十则是指上达层次的普遍天道。原来"十"这数字，常有全部、整体、一切的含义。"知十"就是知一切、知全部、知整体，也就是知道。这样解，才能够对照出颜渊和子贡的截然差异。

4. 其次，有异解的还有孔子说"吾与女弗如也"。一解是孔子认为"我和你都不如颜回"，一解是孔子称许子贡："我称许你（与是赞同、称许的意思）的，正是你自知不如颜回。"两解中，当然以后者为妥。因为这在义理上才和前文知二、知十的正解相应。否则，若说连知天道这一点孔子都不如颜回，就太牵强了！

子曰：可与言，而不与之言，失人。不可与言，而与之言，失言。知者不失人，亦不失言。(《卫灵公》八章)

【意译】

孔子说：遇到一位可以跟他说话的人，却因为拘谨、迟疑而没有跟他说话，就会错过一个交朋友的机会。遇到不适合说话的对象或者时机，却一厢情愿去跟对方说，就会犯说错话的过失。要能做到既不怯懦而错失机会，也不鲁莽而说错话，才算是一个有处世智慧的人啊！

【讨论】

1. 一连三章都是论知，这原该是本书第九章的论题，只因篇幅所限未能收入，而移置于此。

2. 不失人就是知人，不失言就是知言，而这两者的知都不是客观认知的知，而是对当下的存在情境能恰当掌握，无过不及的实践之知。

3. 在实践中，所以会对当下实存情境把握失准，原因虽不止一端，根本处仍在自我的生命心灵有受伤，有障蔽，有成见，有盲点，因而造成我与所遇对象的隔阂。而这气质的偏蔽又可分两端，就是倾向于退缩多疑与倾向于冒进急躁，前者易犯失人之过，后者易犯失言之过。但不管气质生命是偏于哪一端，总的原因都无非是身心修养的工夫做得还不到位，所以对气质生命的有限还未能转化，对因此而遇到的失误、受到的创伤也未能及时疗愈，遂构成一恶性循环而使偏蔽愈益加重。

4. 因此，在此所谓知者，实来自生命健旺无障蔽，亦即来自仁，所以与强调头脑聪明的智者当然不同，而是属于道德的智者，所以才能在处事上不偏不倚而得中。

子曰：吾十有五而志于学，三十而立，四十而不惑，五十而知天命，六十而耳顺，七十而从心所欲不逾矩。（《为政》四章）

【意译】

孔子说：我在十五岁的时候就立志要走上道德实践的路，去学习如何做一个人了。到三十岁左右，才对这一门学问的义理规模有大致的确立。但落到实存的生活情境，还是会遇到种种和义理大原则不甚贴切，乃至似有矛盾的地方。这要到了四十岁左右，才把这事、理间不能熨帖的疑惑大致消解磨合。到五十岁左右，我对自己道德生命的了解、掌握才算达到完整，知道自己能做什么，不能或不适合做什么。从此之后，我的人生重心就由立己过渡到立人。到六十岁左右，我大概已经能对别人说的话入耳心通，听得懂话里隐含的微意。然后生命的内部和外部逐渐交融，到七十岁左右，我终于有了生命又自由又合理的圆融体验。

【讨论】

1. 这一章是孔子自述他的为学历程，可说是《论语》中非常重要、珍贵的一章。我们不但由此窥知孔子的心路历程，更可以取法孔子，去试着走通自己的人生之路。当然，每个生命都独一无二，他的心路历程也只能自行走通，而无法模仿别人。所以即使是孔子的一生实践，足为永恒的典范，其历程节奏，也只能供我们参考，我们自己的实践之路，毕竟当由我们每一个人自己去负责。

2. 因为本章义理闳深，值得深入探讨，所以我们不做简略的疏解，而径引笔者一篇专论这一章的旧作于后，作为附录与余论，以供读者参考，也谨以此作为全书的终结。

孔子的学知历程

人的求学，应该日日有所进展才是，所谓"学如逆水行舟，不进则退"。所以儒家的教训，总是要人效法天行，自强不息；也就是子夏所谓的"日知其所亡，月无忘其所能"（《子张》五章）。但，这日日的前进应该有个怎么样的历程呢？总不该盲目乱闯，处处浮光掠影吧！于是，中国传统的读书人便大都喜欢以孔子一生的学知历程为参考标准，来衡量自己的工夫进境。这便是《论语·为政》里，孔子自述的"吾十有五而志于学，三十而立，四十而不惑，五十而知天命，六十而耳顺，七十而从心所欲不逾矩"。不过，这一段话到底是表示了一些如何的阶段，却是语焉不详。孔子到底是志什么？立什么？对什么不惑？他是知了如何的天命？耳顺及从心所欲不逾矩的实在意义是什么？这实在很不容易索解。而我们在下文就试着去疏释它。

十有五而志于学

我们首先要确定的，就是这里所说的"学"，并不是指知识的获得，而是指德行的修养，也就是所谓学为仁的意思。但，学为仁又是什么意思呢？

原来我们做一个人，如果能稍微认真诚实地自省一下，就一定会发现人生最大的问题，就是感到自己的有限。消极地说，人总恨自己的名不够大，钱不够多，权位不够显赫，寿命不够悠长，或者怨自己不够聪明，不够美丽，不够强壮，乃至不够幸运等。积极地说，人也会恨自己空有高贵的理想却无力实现；愿诚心去爱人却总是失败；愿扭转国势，拯救同胞，却总感"孤臣无力可回天"。或者，愿努力用功把数学学好，却一再地力气白费；愿与朋友们坦诚相待，别人却不领情等。为此乃使人平生无限嗟怨慨叹。而能否打破这个"有限"的困阻，获致"无限"的自由，让人在有限与无限间得到安顿，不再叹怨，便成为人生最大的课题。

当然，要使这个问题得到解决，必须先要能感觉到这个问题，并且还要在记忆上念兹在兹地不忘这问题，在意志上则决心要去坚持做解决问题的努力，不达成功决不罢休。以上三点，分属情、知、意的活动。关于第一点对问题的感觉，我想只要是人，总不会没有感觉的，对生活或理想上种种不如意的怨嗟，谁没有过呢？关于第二点对问题的记忆，人们也大体会在，虽然表面上看来，人好像常会忘记过去的创痛，但只要问题未得真正的解决，它其实还是会压抑在潜意识中，待机浮现，而实际上并没有真正忘记。只有第三点决心要解决问题的意志，却不是自然便有，而一定要靠人主动去"立"才能有的，这就称为"立志"。如果这个志没有立定，便只能在感觉到问题的烦恼时，或问题偶然浮现到意识表层时，才想到"解决问题"这回事（但还是没有行动）；而当眼前的问题过去，或偶然浮上来的意识消沉，这想解决的意念便也烟消云散。尽管当想到时也会很急切，恨不得马上解决，但这毕竟是没有用。必须恳切地立定这个志，才能以主动的意志力，去捕捉住当时的真切感受，并经常将这印象保留在意识层面，加以省察、研究，并把省察研究的结果付诸实行。这就是立志的意义，它等于是帮助我们将恍惚浮躁的生命，定在一个有意义的方向上，以展开以后一生的历程。许多人过了一辈子，回想起来只是一团混杂，全理不出一点条理，也难说有何意义，便是因当初缺了立志这一段工夫。而孔子一生所以有层层的进展，终于达到大成，也正因他在十五岁时，便能毅然扬弃随波逐流，"趁兴"过活的形态，而决心要过一种不断探索自己、了解自己、开拓自己、改善自己的生活。由这个传统下来，于是古人为学教人，便也无不以立志为先了。

至于现代人所说"立志做科学家"这一类的立志，当然也有它的意义，但却不是这里所说的立志，孔子的"志于学"，必须确定在立志学做人这一点上，才是正确无误的理解。

三十而立

上节所说的立志，只是确定了一番"求学"、"求仁"或"求道"之心。但这"道"的内容宗旨如何？却还是另一个问题。例如孔子和释迦、耶稣，他们的求道之心可以说是完全一样的，但他们所求得的道却彼此大不相同。也就是说，上述那个人生问题，由于环境、机缘种种不同，原也可以有不同的解答形态；要在"有限"与"无限"的矛盾中安顿人的生命，也有不同的安顿路数，孔子在十五到三十岁左右的十几年间，所努力的课题就是如何在自己这个特殊的环境下（包括中国自上古至东周的这段历史文化背景），确立一个与这环境恰当相应的"形态"，以为中国人提供一个妥当解决人生问题的路数。他的"三十而立"，就是指这个大格局、大方针或基本路数的确立。

而这一确立，事实上也就规定了以后几千年中国文化的基本性格。

那么，孔子所立的这个大格局是什么呢？简单地说，就是以一种主动负责的积极精神，去面对人生中有限与无限的矛盾。他一方面肯定绝对无限的理想境界（所谓"天"），一方面也完全接受人现实存在的所有限制（所谓"命"）。然后通过人天赋的感通能力（所谓"仁"），去超越自己有限的生命，以朝向无限的理想不断开拓、延展（所谓"为仁"）。而且这开拓延展，就直接和前人的开拓成绩接上而成为一番现实存在的无限长流（就是所谓历史、所谓文化血脉），于是个人的有限性，便因昂首向超越的无限理想而提升（所谓"事天"），更因投入这现实的无限历史长流而消融了（所谓"尽孝"）。这样一个自我负责，主动开拓的格局和路数，便称为"道德实践"。这是有别于释迦以"解脱"为主的路数和基督以"救赎"为主的路数的。而这个路数，实在是承袭周以前全盘的传统文化而来，所以是最适合于中国人的经验和性格的。孔子的"规定"，实际上是一种"述而不作"的"集大成"。他的功用，乃在"点明"那原有的性格，而不是"创造"一个新的性格。所以孔子的三十而立，实际上不仅是为自己立，也是为中国人立。他所以能成为万世师表，关键便是在这里。

四十而不惑

孔子三十而立的，是一个大格局、大方向的建立，这在理论上说当然是可以言之成理，"自成系统"的。但他这个"理论"本身就已规定它不准是纯然理论的。它要求人投入现实，从"有限"的真实开拓、化除上去体证"无限"。但真要落到现实去印证这个理想，去实验这个格局，那便不会像"纯理"那样单纯、明白，而会有现实上无比的复杂、纠缠和诡谲的情况产生。例如说"以诚待人"，这句话在道理上是十分简单明白的，但落到现实，有时说实话反而构成不诚，不说实话反而是诚。（子曰：父为子隐，子为父隐，直在其中矣。）于是怎样才算诚便变得很困难，很不容易把握，这困难就叫作惑。简言之，惑是单纯的理想或原则，当遇到复杂的现实事件时不知如何去确定它自己的意思。然而我们必须对这样复杂诡谲的现实事件，一件件去经验、体味、琢磨，务必找到它应有的存在形式，以与天理合一贯通，而重新肯定天理的不假。这才是"超越有限、回向无限"的真实工夫所在。这种工夫必须经过长久的磨炼，才能"义精仁熟"，遇事都能很快地判断是非，采取适当的态度去对待。这便是"不惑"的境界。孔子是经过十年的辛苦磨炼，到四十岁才算工夫纯熟的，而他三十岁时所确立的理想，也到此才算得到现实的验证，而证明它不是空中楼阁的幻想——许多人理想很高，却总被人讥笑为与现实脱节，便是因不曾做过这段辛苦的工夫所致。

五十而知天命

人有了这份结合理想与现实，或者说，从散碎的现实事件中验证永恒真理之存在的工夫或能力之后，他才算有资格去认识自我。

原来人的自我，就包含无限性与有限性两者，有限性就是指人的肉身以及这肉身所处的一切环境（包括现实环境与历史文化的环境），无限性就是指人那份超越有限现实而向无限的理想开拓延展的能力（这能力就具体化为人的"良心"）。要知道，人必须先有了这份要向无限开拓的"志"与能力以后，他种种有限的现实条件才会变得有意义。因为所谓开拓，就是要在现实上"再进一步"，所以对现实的了解自然是重要而有意义的。反之，如果一个人根本无意或无力上进，那么，他现实上有些什么便都无所谓了。正如战士准备出击才要检查武器，如果不准备作战，对武器又何须关心，又从去关心呢！因此，我们说"有限性是依于无限性而有意义的"，或者说"是无限性赋予了有限性以意义"，乃至说"是良知赋予我们所有的存在与行为以意义"；这也就是说，对求上进的人来说，他去认识自我才是必要而且有意义的，甚至，在这个前提下，认识自我才是可能的。

孔子，就是在如此情况下逐渐地认识他自己的。他不但验证出他超越有限以回向无限的能力，他更了解了他现实上的一切有限份位：他了解自己的气质、性情、聪明、才智；他了解自己的家庭、出身、时代、环境；他了解自己在这时代、环境、历史、时势中的位置与应有的使命，总之，他了解在他这种全盘的综合的有限条件下，他应做、他能做些什么，以成就他"超越有限以向无限拓展"这份志业的具体实现。而这番努力与实现，就形成在历史文化中的孔子的形象，也就是孔子所自求成就的"自我"。而这一番自我形象的逐渐形成、清晰而且具体实现，便是"知天命"的工夫。孔子在四十到五十间，便是步入这一段自我的成熟期。由于对自我澈知，所以他才能不怨天，不尤人，乐易如常，而自行其道，一点没有对环境与命运的无谓抗争，也一点没有对理想的失落与彷徨。他是对自己完全通透了。

六十而耳顺

知天命是属于知己的工夫，耳顺则是属于知人的工夫。耳顺者，对别人说的话，入耳便心通之谓也。何以能如此？乃是因为人若彻底了解了自己，便也就能灵敏地了知他人。因为"自己"就是整个人类具体而微的缩影，所以了解自己是了解他人的基础。尤其是在"良心"这一点上（也就是前文所谓"超越的能力"），更是所有人都是一样，而只有从自己身上才体证得到的；所以更是必须知己，然后才可能知人。而知别人也同具这一个良心之后，对他的种种行为表现，才可能获得有意义的了解。不然，别人的一言一动，一哭一笑，你虽然听到了，看到了，又算什么呢？你须得透过这表面上的言动哭笑，去了知他内心的真感情、真意愿，才算是"知己"啊！而世间知己难寻，无非在人们大都只会听"话"，而听不懂话里的"真意"，只会看"表情"，而看不懂表情所透露的"消息"。因此话虽入耳，却通不到心里，也就是无法达到"耳顺"。

当一个人有耳顺的修养，真能透过别人一些连他自己都未必很了解的语言表情行动，去充分了解他的内心之后，他才算有资格去帮助别人、拯救别人，或者说，去爱别人。因为他到这时候，才有能力提出正确的建议以对症下药，而不是在盲目摸索。孔子说："己欲立而立人，己欲达而达人。"孔子是到了六十岁，才充分达到能立人能达人的境地。而在这以前的几十年，可说都仍是在以立己达己为重的阶段。

七十而从心所欲不逾矩

一个人能立己而立人，达己而达人，于是他便逐渐达到一个圆融无碍的境地，这就是人所能够达到的最大限度的自由——从心所欲而不逾矩。

在这里，"从心所欲"指的是人的无限性充分呈现，也就是良心的超越能力充分发用。"不逾矩"则是指人对其有限性的充分认识与尊重。在这样的格局下，人的无限性不是空荡荡地悬在那里去表现他自己，而是直接落在每一个有限的事物上去超越那既定的有限，这样来表现他自己的。于是，限制遂不成为限制，反而成为表现的凭借了。因此"从心所欲不逾矩"这句话完全是积极的含义，完全没有丝毫无可奈何的意味。他只是遇到什么"矩"，便即时选择它来表现其自由而已。所以《中庸》说："素富贵行乎富贵，素贫贱行乎

贫贱，素患难行乎患难，素夷狄行乎夷狄，君子无入而不自
得也。"是的，诺贝尔文学奖得主索尔仁尼琴遇到"集中营"
那样森严可怕的限制，他却正凭借这番遭遇成就了他人格的
光辉，这便是"从心所欲不逾矩"这个境界的绝佳印证。

到了这一地步，我们可以说，便是孔子三十而立的那一番
道德实践的大理想、大格局，经过四十年的长期努力，终于与
现实世界完全结合而充分实现。这实现的过程，一面是超越的
理想经由对生活的琢磨、对自我的了解，对他人的提携而逐渐
落实；一面是现实的事件，经由不断地开发、认识、运用而逐
渐彰显、逐渐具有道德的意义。总之是心物交成，内外合一，
这便是真正成为一个"人"的最高境界。这境界我们便特称之
为"圣"。

由以上分析，我们可见孔子一生经历，确是具有非常清晰
的理路和丰富的意义。但我们不要以为孔子是个与众不同的
"圣人"而妄自菲薄。其实这理路与意义全是来自个人的发心
立志。只要你愿放弃随俗浮沉的生活形态，当下把自己刚毅的
意志拿出来，决心做自己的主人，你便立即能开始点醒往日心
思的昏沉，开始整理往日经验的混杂，开始了知自我的轮廓，
开始认识世界的价值，开始参与宇宙的运行，开始创造自我的
意义。这条道德实践的路，开始时也许很难，但越到后来，便
会越清楚、越容易、越顺理成章。比起一般偷懒苟且的路之开
头轻松，越走越复杂沉重艰难来，真是有希望得多了。你千万
不能以眼前的难误以为将来也难，更不可以眼前的易误以为将

来也易。你越早发心立志，便越早走上有希望的大路。

其次，不要以为再努力也不过是照孔子的路翻版一次，也不要以学孔子为满足。孔子只是因缘际会，直接以他这一番道德实践的历程本身为他对历史文化的客观贡献。也就是说，他的价值就在建立这一条自我修养之路，去让后人取法。但后人却可以在这典型的格局中，填进种种不同的内容，以成就历史文化上不同的地位。举例来说，我们今天学习科学，便也可以基于一份道德的态度去学习，而直接从研究科学的活动中去表现人类的良知与道德价值。这便是一方面完全不背孔子之教，一方面却又能呈现出孔子所完全没有的文化内容。这样，才算是返本开新，接上历史文化的长流而别开生面。

最后，我们把孔子这六个阶段分析过后，还该补充一句话，就是这六阶段的分别不是截然的，并不是当孔子五十岁前，绝没有耳顺的工夫，全不曾做立人达人之事，也不是说孔子六十岁后，便不再有立志、解惑、知命的工夫。事实上这些工夫是同时都在做的，回环相生，互为因果，所以如此分别各阶段，只是标明各时期的重心所在罢了。我们绝不可以直线的思考方式去想象孔子的实践历程，以致将孔子那番丰富充实、圆融活泼的道德生命，错想成刻板枯燥的学究生涯，那就真是差之毫厘，谬以千里了。

附录

【附录一】

本书所诠释《论语》章句索引

学而第一

尧曰第二十

《尧曰》三章　不知命，无以为君子也　本书第九章，见页 185

【附录二】

本书选录《论语》中的孔子弟子与人物

┃孔子弟子名表（以本书出现顺序为次）

《论语》称　姓名　字　年籍　事略

子贡　端木赐　子贡　卫人，公元前 520 年—前？年

少孔子三十一岁。孔门列"言语"科，是办外交、做买卖的好手。孔子死后，在弟子中名气最大，在《论语》中共出现三十八次，仅次于子路。

子路　仲由　子路或季路　鲁之卞邑人，公元前 542 年—前 480 年

少孔子九岁。孔门列"政事"科，曾任鲁季氏宰（公元前498 年）和卫蒲邑宰（公元前 488 年左右）。子路好勇过人，也以勇武著称。在《论语》中出现最多，高达四十二次。

冉有　冉求　子有　鲁人，公元前 522 年—前？年

少孔子二十九岁。孔门列于"政事"科，博艺多能，亦善于理财。公元前 492 年，他接替冉雍为季氏宰。

颜回　颜回　子渊　鲁人，公元前 521—前 481 年

少孔子三十岁。孔门列于"德行"科。在《论语》中，以

乐学、好学被孔子称美，然只活了四十一岁，先孔子而卒。

公西华　公西赤　子华　鲁人，公元前509一前？年

少孔子四十二岁。以知礼见长，孔子问他的志向，他说愿在礼仪场合当"小相"。

曾点　曾蒇　皙　鲁人，生卒年不详

曾参的父亲。《孟子·尽心下》记载他在孔子眼中是个"志高而行不掩"的狂士。

子夏　卜商　子夏　卫人，公元前507一前？年

少孔子四十四岁。孔门列于"文学"科，尤长于诗。孔门后学，有传道之儒与传经之儒两大派，子夏传《诗》和《春秋》，在经书传授上是重要人物。

子张　颛孙师　子张　陈人，一说鲁人，公元前503一前？年

少孔子四十八岁。在《论语》中志向高远，特显气度宽弘。《尚书大传·殷传》记载孔子将颜回、子贡、子张、子路称为丘之"四友"。

樊迟　樊须　子迟　鲁人，一说齐人，公元前515一前？年

少孔子三十六岁。在《论语》中时常提问，表现勤学好问的精神。

曾子　曾参　子舆　鲁之南武城人，公元前505一前432年

少孔子四十六岁。曾子事亲至孝，记传中称述颇多。以守约、慎独的工夫传孔子一贯（忠恕）之道，后世尊为"宗圣"。

有子　有若　子有　鲁人，公元前508—前？年

少孔子四十三岁。据说言行气象颇似孔子，孔子去世后，弟子相与立有若为师，但曾子不认同这种"拟而代之"的做法。

子游　言偃　子游　吴人，公元前506—前？年

少孔子四十五岁。孔门列于"文学"科。子游之学，主要在娴习礼仪，且行之得体，曾为武城宰，以礼乐为教。

林放　林放　生卒不详

《文翁礼殿图》画弟子七十二人之像于壁，林放列于其中。

司马牛　司马耕　子牛　宋人，公元前？—前481年

少孔子九岁。牛为司马桓魋（即《述而·二十三》的桓魋）之弟，是宋国贵族。司马氏向来居宋国卿位，然而子牛兄长四人都骄奢暴戾，终招祸乱，司马牛因此心怀忧惧。

Ⅱ《论语》提及人物

《论语》称　年籍　事略

互乡少年

一个住在互乡，脾气比较怪，难于交谈的年轻人。

南子

宋女。卫灵公夫人，蒯聩之母。美貌动天下，因把持卫国朝政、有淫行而声名不佳。

叶公　生卒年难以确考，约公元前551—前479年

楚臣。孔子适楚，听说叶公政绩显赫，特意由蔡到叶与之

相谈。叶公，名沈诸梁，字子高，春秋末楚国政治家，楚昭王和楚惠王时被封到古叶邑为尹，故称叶公。

荷蒉者　无年可考

孔子在卫国碰到的一个人，他曾担着箩筐从孔子的门前经过。

荷蓧丈人、长沮、桀溺　无年可考

古隐者，见过孔子。

卫灵公

卫君。孔子仕卫灵公，公元前495—前493年。

孟懿子

鲁臣。姓仲孙，名何忌，鲁三桓之一（孟孙氏）的大夫。其父孟僖子在死前嘱咐他向孔子学礼。亦为孟武伯之父。

孟武伯

鲁臣。仲孙彘，也叫孟孺子泄。生性好刚勇，是横行霸道的人，鲁哀公二十五年与三桓专政，哀公于是逃往越国。

左丘明　生卒年不详

鲁人，鲁国太史，是孔子称道的前贤。

桓公

齐桓公，齐僖公的第三子。春秋五霸之一，在位四十三年。

公子纠

齐僖公的次子，齐桓公的庶兄。齐僖公有三子：太子诸儿、公子纠、公子小白。太子诸儿先立为襄公。公孙无知杀襄公，引起齐国内乱。公子纠为鲁女所生，奔鲁，管仲、召忽傅之。公子小白为卫女所生，奔莒，鲍叔牙傅之。二子争位，小白胜，立为桓公；纠败，鲁人杀之。

召忽　公元前？—前 685 年

齐臣。襄公之乱，辅佐流亡鲁国的公子纠，与小白争位，事败自杀。

管仲　公元前？—前 643 年

齐臣。襄公之乱，辅佐流亡鲁国的公子纠，与小白争位，事败请囚，小白听鲍叔牙之言，释其囚，立为大夫，是辅佐齐桓公成为霸主的功臣。

微子　约公元前十一世纪

纣之庶兄。他见纣王暴虐乱政，又见西伯昌（周文王）盛德日显，担心殷商将亡，因此数度劝谏，纣王不予理会，微子启于是弃官去国。

箕子

纣之叔父。纣无道，他劝谏无效，选择披散头发，佯装成疯狂的样子。

比干

纣之叔父。纣无道，他犯颜直谏，后被剖心而死。

定公

鲁定公。鲁哀公之父。鲁定公九年，孔子见用于鲁，被任为中都宰，行之一年，政绩卓著，于是由中都宰升司空，再升为大司寇。定公十年齐鲁夹谷之会，鲁即由孔子相礼。

公叔文子

卫大夫。即公叔发。春秋时，吴国的季札访问中原各国，说"卫多君子，未有患也"。公叔发即为卫国六君子之一。

公明贾　生卒年不详

《集注》推测是卫人

【附录三】

孔子年表

▎少年立志时期

一岁　公元前 551 年　周灵王二十一年　鲁襄公二十二年

孔子生于鲁国昌平乡陬邑（今山东曲阜城东南尼山附近）。因父母祷于尼丘山而得生，故名丘，字仲尼。

三岁　公元前 549 年　周灵王二十三年　鲁襄公二十四年

父叔梁纥死，葬于防山。母亲颜征在带孔子移居鲁都曲阜阙里，家境贫寒。

六岁　公元前 546 年　周灵王二十六年　鲁襄公二十七年

孔子自幼好礼，《史记·孔子世家》言："为儿嬉戏，常陈俎豆，设礼容。"

十五岁　公元前 537 年　周景王八年　鲁昭公五年

孔子说："吾十有五而志于学。"此时在童年学习的基础上，立志要走上道德实践的路，决心不断探索并开拓自己，去学习成人之学。

十七岁　公元前 535 年　周景王十年　鲁昭公七年

母亲颜征在卒。此后不久，鲁国季氏宴请士级贵族，孔子赴宴，被季氏家臣阳虎拒于门外。

十九岁　公元前 533 年　周景王十二年　鲁昭公九年

孔子娶宋人亓官氏之女为妻。

二十岁　公元前 532 年　周景王十三年　鲁昭公十年

生子鲤。因鲁君以鲤赐孔子，故子名鲤字伯鱼。

二十一岁　公元前 531 年　周景王十四年　鲁昭公十一年

孔子做乘田吏，是管理粮仓与牛羊牲口的小吏，当时贵族
家庭任用儒士担任这类职务。

二十七岁　公元前 525 年　周景王二十年　鲁昭公十七年

郯子朝鲁，在宴会上，郯子回答叔孙昭子的问题，谈起他
的祖先少皞氏的官制。孔子听闻，去见郯子学古官名官制。

‖ 中年为学时期

三十岁　公元前 522 年　周景王二十三年　鲁昭公二十年

孔子言："三十而立。"此时，孔子于道德实践这一门学问
的义理规模有大致的确立。据《史记》，孔子也在此年前后开
始收徒讲学，在早期的弟子中，较知名的有曾点、子路等人。

三十四岁　公元前 518 年　周敬王二年　鲁昭公二十四年

孟僖子将死，嘱咐两个儿子孟懿子与南宫敬叔向孔子学礼
（见《左传·昭公七年》）。孟僖子为鲁相，陪鲁君经郑前往楚
国时，在种种礼节上多不能应付，回来后深感悔憾。当时孔子
授徒设教已有声誉，临死乃命二子往从学礼。

三十五岁　公元前 517 年　周敬王三年　鲁昭公二十五年

鲁昭公率领军队攻伐季孙氏，季孙、叔孙、孟孙三家联合

反抗，昭公兵败逃往齐国。孔子也在这年因鲁乱到齐国。

三十六岁　公元前516年　周敬王四年　鲁昭公二十六年

孔子在齐与齐太师讨论乐曲，听闻《韶》乐（相传为舜时乐曲），三月不知肉味。

齐景公问政于孔子，孔子对曰："君君，臣臣，父父，子子。"（《论语·颜渊》）齐景公悦孔子之言，想以卿相之礼相待，后来犹豫不决，最终打消了主意。

三十七岁　公元前515年　周敬王五年　鲁昭公二十七年

孔子在齐。齐大夫扬言加害孔子，齐景公也对孔子说："吾老矣，弗能用也。"于是孔子自齐返鲁。（《史记·孔子世家》）《孟子·万章下》说，孔子返鲁时迫于形势险恶，仓促中把正在淘洗的米提起来一边赶路一边沥干。

孔子返鲁。当时贤人吴季札聘齐，其子死，葬于嬴、博之间（临近鲁境的齐地），孔子往观其葬子之礼。

四十岁　公元前512年　周敬王八年　鲁昭公三十年

孔子在鲁。自言："四十而不惑。"所谓不惑，是指而立之年确立的人生理想，落到实存的生活情境，孔子都能判断是非，采取适当的态度去对待，达到"义精仁熟"的境界。

四十七岁　公元前505年　周敬王十五年　鲁定公五年

六月，鲁国季孙（平子）卒。他的家臣阳虎（阳货）囚禁其子季孙斯（季桓子）而专揽鲁国的朝政。阳虎想见孔子，孔子不见，于是他送一头乳猪，想等孔子拜谢时见面。孔子特意挑阳虎不在的时间回礼，但在路上意外相遇，阳虎劝孔子出仕，孔子口头答应，然而终究不仕，退而修《诗》《书》《礼》

《乐》以教弟子。

五十岁　公元前 502 年　周敬王十八年　鲁定公八年

孔子自谓："五十而知天命。"所谓"知天命"，是步入自我的成熟期，对于自己能做什么，不能或不适合做什么通透澈知，于是能不怨天、不尤人而自行其道。

这年冬天，阳虎擅权日重，想动用鲁国军队除去"三桓"，他谋杀季氏未遂，于是改入讙、阳关以谋叛变。

公山不狃（弗扰）为季氏私邑费之宰，使人召孔子，孔子欲往。因子路反对而未成行。

‖‖ 五十用世：仕鲁时期

五十一岁　公元前 501 年　周敬王十九年　鲁定公九年

六月，鲁伐阳虎，攻打阳关。阳虎突围奔齐，不久逃往宋国，最后逃至晋国，投靠晋臣赵简子。

孔子担任中都（今山东省汶上县）宰，卓有政绩，治理一年，四方则之。鲁国既经阳虎之乱，三家各有省悟，君臣都有起用孔子之意，在此机缘中，孔子得以出仕，一年之间升迁迅速。

五十二岁　公元前 500 年　周敬王二十年　鲁定公十年

孔子由中都宰升小司空（下大夫之职），由小司空升大司寇（卿之职），摄相事。

夏，齐与鲁签订临时盟约，鲁定公与齐景公会于夹谷。孔子以大司寇身份为定公相礼（为一切盟会之仪作辅助），孔子认为"虽有文事，必有武备"，事先做了必要的武事准备。齐君臣果然武装莱人威胁鲁君，孔子以大义正道之言要求齐君停止这种行为，齐君敬惧，双方订盟，齐国并将侵占的郓、讙、龟阴等地归还鲁国，以谢过。（见《穀梁传·定公十年》）

五十三岁　公元前 499 年　周敬王二十一年　鲁定公十一年

孔子为鲁国大司寇，治理国政相当成功。据《吕氏春秋·乐成》记载，鲁人开始还怀疑孔子之才，不久政化盛行，国人开始称颂。

五十四岁　公元前 498 年　周敬王二十二年　鲁定公十二年

孔子为鲁国大司寇，子路为季氏的家宰。孔子为了削弱鲁国私家非法的政权以重归公室，向鲁定公建议："家不藏甲，邑无百雉之城，古之制也。今三家（三桓）过制，请皆损之。"（依古礼，私家不应该藏兵甲，其城邑也不得超过百雉）主张堕三都。当时，正值叔孙、季孙的家臣侯犯和南蒯各据其都反叛，叔、季二氏便支持这一主张，于是先拆毁了叔孙氏的郈邑和季孙氏的费邑。拆除费邑时，费宰公山不狃乘着鲁都（曲阜）空虚，率领费人攻曲阜，幸孔子命句须、乐颀二大夫反击，在北边的姑蔑打败公山不狃。公山不狃逃奔齐国。遂堕费。

再去拆毁孟孙氏的成邑时，受到孟孙家臣敛处父的抵制，结果堕成失败。堕三都行动遭遇挫败。

Ⅳ 去鲁周游时期

五十五岁　公元前 497 年　周敬王二十三年　鲁定公十三年

鲁国政治有大改革，齐国感到不安，欲败鲁政，于是选美女八十人，穿着彩衣，加上文马三十驷送给鲁君。季桓子接受馈赠，君臣怠于政事，多日不听朝政，之后也不按礼制分送膰肉（当时郊祭用的供肉）给孔子，孔子失望，于是去鲁适卫。

孔子到卫国之初，应是租屋而居，卫人端木赐（子贡）从游。

五十六岁　公元前 496 年　周敬王二十四年　鲁定公十四年

卫灵公听信谗言，监视孔子，孔子遂于十月去卫适陈。经过匡地时，匡人误认孔子为阳虎（阳虎曾欺压匡人，而孔子貌似阳虎），围困了孔子。后经蒲地，会公叔氏起事，又被当地群众所围，孔子与蒲人订盟，返回卫国。

五十七岁　公元前 495 年　周敬王二十五年　鲁定公十五年

孔子回到卫国，曾见卫灵公夫人南子，南子素有淫乱之名，子路对这件事感到"不悦"。

五十九岁　公元前四九三年　周敬王二十七年　鲁哀公二年

孔子在卫。卫灵公问孔子兵阵之事，孔子说："俎豆之事则尝闻之，军旅之事未之学也。"（《论语·卫灵公》）于是，决计离卫西去，见晋国赵简子。走到大河边，听说赵简子杀害了两个贤人，不由得临河而叹，返回卫国。

不久离开卫国，经由曹国前往宋国。在前往宋国的路途上，与弟子在檀树下习礼，宋司马桓魋欲杀害孔子，拔去其树。孔子只好微服而行，逃到郑国，郑国没有接待他，于是孔子又前往陈国。

六十岁　公元前 492 年　周敬王二十八年　鲁哀公三年

孔子在陈。自言："六十而耳顺。"意谓此时他已经能对别人说的话入耳心通，听得懂话里隐含的微意，进而去帮助别人、去爱别人，达到"立人达人"的境地。

这年秋天，鲁国季桓子病，懊悔过去未能用孔子而影响了鲁国的振兴。临死前，嘱咐其子季康子要召回孔子相鲁。后来由于公之鱼的阻拦，季康子改变主意，派使改召孔子弟子冉求。冉求将行，孔子说："鲁人召求，非小用也，将大用之也。"（《史记·孔子世家》）

六十三岁　公元前 489 年　周敬王三十一年　鲁哀公六年

这年吴国伐陈，陈国大乱。于是孔子离开陈国，经过蔡到楚地，在陈、蔡之间被困，绝粮七日，弟子饥馁皆病，孔子依然讲诵、弦歌不止。子路等弟子由于屡遭挫折，对孔子之道产生怀疑。只有颜渊认识到孔子之道崇高，无法施行于世是"有国者之丑"，孔子为有颜渊这样的弟子感到高兴。（《史记·孔子世家》）

孔子到了楚地负涵，与叶公见面。叶公问他政事，孔子说："近者悦，远者来。"（《论语·子路》）

六十四岁　公元前 488 年　周敬王三十二年　鲁哀公七年

孔子弟子多仕于卫，孔子由负涵返回卫国。子路问孔子："卫君待子而为政，子将奚先？"孔子提出："必也正名乎！……名不正则言不顺，言不顺则事不成。"（《论语·子路》）指出"正名"是解决卫国出公与其父蒯聩争君位问题的原则。

六十七岁　公元前 485 年　周敬王三十五年　鲁哀公十年

孔子在卫。夫人亓官氏卒。

Ⅴ 晚年教学著述时期

六十八岁　公元前 484 年　周敬王三十六年　鲁哀公十一年

鲁国季康子召孔子，孔子返鲁。这年春天，齐师伐鲁，孔子弟子冉有担任季氏左师，败齐军于鲁郊。季康子问他如何学会作战，冉有说学于孔子，并借机推荐孔子。季康子于是派公华、公宾、公林以优厚条件迎孔子归鲁，自孔子去鲁适卫、周游列国已十四年。

季康子问政，孔子说："政者正也，子帅以正，孰敢不正？"（《论语·子路》）季康子想实行"田赋"（将军费改按田亩征税），派冉有去问孔子，孔子说："若不度于礼，而贪冒无厌，则虽以田赋，将又不足。"季子不听。（《左传·哀公十一年》）

鲁国终不能用孔子，孔子亦不求仕，此后乃专心晚年时期的教育生活，有子、曾子、子游、子夏、子张、樊迟诸人先后从学。

六十九岁　公元前 483 年　周敬王三十七年　鲁哀公十二年

子伯鱼卒。其孙孔伋约生于此年，伋字子思，曾子的学生，孟子是他的再传弟子。

鲁实行田赋。孔子与鲁国太师（乐官）论乐，自言："吾自卫返鲁，然后乐正，《雅》《颂》各得其所。"（《论语·子罕》）

七十岁　公元前 482 年　周敬王三十八年　鲁哀公十三年

孔子言："七十而从心所欲，不逾矩。"也就是说到七十岁左右，孔子生命的内部和外部逐渐交融，有了生命又自由又合理的圆融体验。

七十一岁　公元前 481 年　周敬王三十九年　鲁哀公十四年

颜回死，享年四十一岁，孔子甚感哀恸，说："噫！天丧予！天丧予！"（《论语·先进》）

六月，齐国陈恒（田成子）杀简公，孔子劝鲁哀公及三桓讨伐他，以正君臣之义，鲁君臣皆不从。孔子弟子宰我死于齐国这次政变中。

七十二岁　公元前 480 年　周敬王四十年　鲁哀公十五年

这年冬天，卫国政变，蒯聩逐其子出公而自立，是为卫庄公。孔子弟子子路当时是卫大夫孔悝的家臣，死于此次暴乱，孔子恸甚。

七十三岁　公元前 479 年　周敬王四十一年　鲁哀公十六年

　　孔子于周历四月十一日，夏历二月十一日，寝疾七日而殁，葬于鲁城（今曲阜）北泗上。不少弟子为孔子守墓三年，子贡一人庐于墓，六年才离开。

图书在版编目（CIP）数据

经典·孔子·论语 / 曾昭旭 编著 . —北京：东方出版社，2022.4
（人与经典 / 王德威总召集，柯庆明总策划）
ISBN 978-7-5207-2274-2

Ⅰ . ①经⋯　 Ⅱ . ①曾⋯　 Ⅲ . ①孔丘（前 551- 前 479）—人物研究　②儒家
③《论语》—研究　Ⅳ . ① B222.2

中国版本图书馆 CIP 数据核字（2021）第 126153 号

经典·孔子·论语

编　　著：曾昭旭
责任编辑：王夕月　邢 远
出　　版：东方出版社
发　　行：人民东方出版传媒有限公司
地　　址：北京市西城区北三环中路 6 号
邮　　编：100120
印　　刷：北京联兴盛业印刷股份有限公司
版　　次：2022 年 4 月第 1 版
印　　次：2022 年 4 月第 1 次印刷
开　　本：880 毫米 ×1230 毫米　1/32
印　　张：9.75
字　　数：165 千字
书　　号：ISBN 978-7-5207-2274-2
定　　价：68.00 元
发行电话：（010）85924663　85924644　85924641